3訂版

不動産売買・賃貸借契約と
モデル書式

東京弁護士会 法友全期会 編著

日本法令

民法（債権法）改正から4年を踏まえて

　法友全期会は、東京弁護士会内の一会派である法友会の会員のうち、弁護士登録15年目までの若手弁護士で構成される団体であり、現在約1,300名が所属しています。

　法友全期会では、研修活動として様々なことを行っております。その中でも出版活動は、我々の知識の研鑽としての側面はもちろんのこと、知識の共有という側面もあることから重要な社会活動の1つとして位置づけており、これまで積極的に、多数の分野に関して取り組んでまいりました。

　不動産は人の生活の基礎となるばかりでなく、経済活動の基礎となる重要な資産であるがゆえに、一般市民にとっても法曹実務家にとっても、日常的に接する機会が多いのが、不動産売買や賃貸借契約だと思います。だからこそ、契約するときには慎重になされるべきものでもあります。例えば、これまでにどのような契約上のトラブルがあったのか、どのようなトラブルに関する裁判例があるのか、契約する際にどのような点について注意すべきなのかといった事項について把握することが、紛争の予防または解決のために重要だと言えるでしょう。

　本書は、2018（平成30）年に上梓した『改正民法　不動産売買・賃貸借契約とモデル書式』がおかげ様で好評を博し、2020（令和2）年にはその後の情報を盛り込んだ改訂版を出版していたところ、この度、民法（債権法）改正から4年を経て、さらに全面的に改訂した3訂版を発行することとなったものです。

　本書の編集者や執筆者は、いずれも弁護士として第一線で活躍している会員です。そして、本書の内容は、法曹実務家のみならず、不動産取引に携わる一般市民の皆様にもわかりやすく解説することを目指した内容となっております。また、実践的に利用できるよう、モデル契約書な

ども掲載しておりますので、実務に大変役立つ内容になっています。

　これからの激動の時代においても、不動産売買や不動産賃貸といった不動産取引の重要性は変わらないどころか、ますますその重みが増していくものと思います。本書が、不動産取引に関わる皆様にとって、紛争の予防や解決の一助となり、幅広く活用されることを願ってやみません。

2022（令和4）年12月

　　　　　　令和4年度法友全期会　代表幹事　弁護士　　鵜澤亜紀子

はしがき

　法友全期会は、1963（昭和38）年の創設以来、社会に向かって積極的に提言を行うとともに、当番弁護士制度の実現に向けて先進的な役割を果たし、都内一斉法律相談活動、法教育をいち早く実現するなど、後に弁護士会の活動や司法インフラの一環として制度化された多くの新しい枠組みに果敢に挑戦してきました。また、法律書の出版も積極的に行っており、本年度も法友全期会内の業務委員会が中心となって複数の書籍を出版する予定が進行しております。

　法友全期会は、これまで債権法改正に関して民法の運用の現場に身を置く若手弁護士の立場から、パブリックコメントでの意見表明（その一部は、学者の論文に引用されたものもあります。水野譲「債務不履行と不法行為の帰責構造−債権法改正の経緯に着目して」安永正昭・鎌田薫・能見喜久監修『債権法改正と民法学Ⅱ』（商事法務、2018（平成30）年）20頁）、研究、勉強会・講演会（他の弁護士会において開催したものを含む。）の実施など、積極的な活動を実施し、国民にとって分かりやすくまた実務家として適切に運用できる債権法改正のあり方を研究してきました。そして、これまでも債権法改正について多数の書籍を発表してきました。これらの研鑽の成果を生かして、2018（平成30）年1月、日本法令より不動産取引を改正債権法の視角から分析した本書の前著となる初版を出版し、その後、2018（平成30）年3月に債権法の立案担当者による『一問一答　民法（債権関係）改正』（商事法務、2018（平成30）年）が出版されるなどしたため、その改訂版を出版したところ、初版が2刷、改訂版が3刷と好調な販売実績となりました。

　今般、前著を実質的に全面改訂した3訂版として本書を発行することになりました。前著はいわゆる「改正本」であったため、旧法との比較に重点を置いていましたが、本書は旧法との比較については必要な箇所

を残すにとどめ、前著の時点では明確にできなかった箇所やその後の裁判例に基づく記載を加筆いたしました。

　本書は、前著同様、債権法に精通した法友全期会会員の編集者及び執筆者の多大な尽力を得て進めました。熱心な研究と検討を重ね、執筆ととりまとめに取り組んでいただきました各編集者・執筆者には心からの敬意と感謝の意を表します。

　最後に、本書出版に際して多大なご尽力をいただきました株式会社日本法令の伊藤隆治氏にあらためて厚く御礼申し上げる次第です。

2022（令和4）年12月

　　　　　令和4年度法友全期会　業務委員会委員長　弁護士　　大栗悟史

Contents

●判例の表記は次の例によるほか、一般の慣例による。

最大判（決）昭和63年1月1日

　＝最高裁判所昭和63年1月1日大法廷判決（決定）

最判（決）　　　　　最高裁判所第一小法廷判決（決定）

　　　　　　　　　　＊最二小判（決）、最三小判（決）も同様の例による。

高判（決）　　　　　高等裁判所判決（決定）

地判（決）　　　　　地方裁判所判決（決定）

●略　語

(1)　判例集・雑誌等

民集　　　　　　　　最高裁判所民事判例集

裁判集〔民〕　　　　最高裁判所裁判集〔民事〕

判時　　　　　　　　判例時報（判例時報社）

判タ　　　　　　　　判例タイムス（判例タイムズ社）

金法　　　　　　　　金融法務事情（きんざい）

金判　　　　　　　　金融・商事判例（経済法令研究会）

一問一答　　　　　　一問一答　民法（債権関係）改正（商事法務、2018年）

(2)　法　令

憲法　　　　　　　　日本国憲法

民法、現行民法　　　民法の一部を改正する法律（平成29年法律第44号）、民法の規定のうち、民法の一部を改正する法律（平成29年法律第44号）によって改正されなかったもの

旧民法　　　　　　　2020年3月31日まで施行されていた民法の規定のうち、民法の一部を改正する法律（平成29年法律第44号）により改正されたもの

整備法　　　　　　　民法の一部を改正する法律の施行に伴う関係法令の整備等に関する法律（平成29年法律第45号）

序　章

総　論

① 改正の目的・経緯、改正後の現行民法の特徴

1　現行民法の成立・公布

　平成29年5月26日、民法の一部を改正する法律が国会において可決成立し、平成29年6月2日に公布されました（平成29年法律第44号）。また、これと併せて民法の一部を改正する法律の施行に伴う関係法律の整備等に関する法律が成立・公布され、一部を除き、令和2年4月1日に施行されました。

2　改正の目的

　今回の改正の目的は、法制審議会に対する法務大臣の諮問によれば、施行後100年を超える旧民法について、同法制定以来の社会・経済の変化への対応を図り、国民一般に分かりやすいものとする観点から国民の日常生活や経済活動に関わりの深い契約に関する規定を中心に見直しを行うことにありました。

　そこで、法制審議会は、この諮問をうけて、民法第3編債権編のうち契約に関する規定を中心としつつ、必要に応じ総則等の規定も対象としながら、平成21年11月から約6年半、99回にわたる法制審議会部会、18回の分科会における議論と2回のパブリックコメント手続を経て検討を加えた要綱を答申し、国会審議を経て、現行民法成立に至ったものです。

3　現行民法の特徴

　現行民法においては、上記の改正目的を実現するため、①同法制定後の社会・経済の変化に対応するための制度新設、変更及び整備や、②国民一般に分かりやすいものとする観点からの判例法理や基本的な法律

原則の明文化が図られています。

　基本的には、社会情勢の変化に即した規律・判例法理の明白な変更がなされた箇所のほかは、旧民法下の実務から大幅な変化をもたらすことまでは想定されていないようです。もっとも、上記の②については、旧民法における実務を変更することは企図されてはいないとされていますが、現行民法の運用によっては、旧民法下における解釈と異なる状況となることもありえないわけではないように思われます。実際にも、これまで出版されている学者の方の本等では、積極的に解釈に関する議論がなされています。その内容次第で、これまでとは異なる解釈が実務・通説となることもあり得ます。また、上記の①については、今後の実務の取扱いに大きな影響が発生することが予想されます。その代表的なものとしては、時効制度、保証、定型約款などが挙げられますが、売買契約や賃貸借契約などの典型契約についても規律が大きく変更となるものがあります。

　いずれにしても、従来の規律が変更されている箇所は当然として、従前の規律からの変化は想定していないとされる箇所についても、その改正内容を十分に把握しておく必要があります。

‖4　本書の目標

　ひとくちに不動産取引といってもその対象・内容は多岐にわたりますが、「取引」という以上は契約の問題や契約に基づいて発生する債権の問題を避けて通ることはできず、今回の改正による影響は重大といってよいでしょう。

　本書は、不動産取引のうちでも典型的と思われる売買契約及び賃貸借契約に関わる現行民法の内容について簡潔に解説を行うとともに、項目により、現行民法下での使用を想定した参考書式ないし参考記載例も併せ提示することも試みました。

（稲村晃伸・伊藤美香）

2　任意法規と平成29年民法改正（いわゆる債権法改正）

1　任意規定とは何か

　任意規定とは、法律の規定のうち、当事者間の法律関係について当事者が決めていない場合に備えて、その標準的な定めをする規定のことで、当事者の別の合意による定めを許容するものであり、当事者の合意があると適用が排除される規定をいいます。これに対して、当事者に対し当事者の意思に関わりなくそれに従うことを強制する定めのことを強行規定といいます。民法では、公序良俗に反する法律行為を無効とする90条が強行規定の代表例ですが、本書で取り上げるような契約に関する規定のほとんどは任意規定であるといえます。

2　任意規定の機能

　では、任意法規にはどのような働きがあるのでしょうか。

⑴　合意を補充する機能

　私法の世界では、当事者間の合意によって作り出された規範が当事者間によって法的拘束力を有することになります。しかし、合意の内容が契約の解釈を通じても確定できない場合、問題となっている事項を内容とする任意規定が存在すれば、これが当事者間に適用され、合意を補充する機能を営みます。

⑵　消費者契約法による規制

　事業者と消費者の間で締結される消費者契約においては、事業者と消費者の間の情報格差・交渉力格差が存在するため、事業者が免責条項や責任制限条項など、事業者にとって一方的に有利になる条項を契約内

容に設けて、消費者の利益を害することが少なくありません。そこで、消費者契約法は、同法8条で免責条項・責任制限条項が無効となる場合を列挙するとともに、それ以外のものについて同法10条で、任意規定の適用に比較して消費者の権利を制限または消費者に義務を加重する条項を無効としています。

　なお、この点に関連して、民法の一部を改正する法律の施行に伴う関係法律の整備等に関する法律は旧消費者契約法8条1項5号を削除するとともに、同条2項を新設して、第1項が適用除外となる場合を定めています。

◀消費者契約法▶

（事業者の損害賠償の責任を免除する条項の無効）

第8条

1　（1号～4号　省略。5号は削除）

2　前項第1号又は第2号に掲げる条項のうち、消費者契約が有償契約である場合において、引き渡された目的物が種類又は品質に関して契約の内容に適合しないとき（当該消費者契約が請負契約である場合には、請負人が種類又は品質に関して契約の内容に適合しない仕事の目的物を注文者に引き渡したとき（その引渡しを要しない場合には、仕事が終了した時に仕事の目的物が種類又は品質に関して契約の内容に適合しないとき。）。以下この項において同じ。）に、これにより消費者に生じた損害を賠償する事業者の責任を免除するものについては、次に掲げる場合に該当するときは、同項の規定は、適用しない。

一　当該消費者契約において、引き渡された目的物が種類又は品質に関して契約の内容に適合しないときに、当該事業者が履行の追完をする責任又は不適合の程度に応じた代金若しくは報酬の減額をする責任を負うこととされている場合

二　当該消費者と当該事業者の委託を受けた他の事業者との間の契約又は当該事業者と他の事業者との間の当該消費者のためにする契約で、当該消費者契約の締結に先立って又はこれと同時に締結されたものにおいて、引き渡された目的物が種類又は品質に関して契約の

内容に適合しないときに、当該他の事業者が、その目的物が種類又
は品質に関して契約の内容に適合しないことにより当該消費者に生
じた損害を賠償する責任の全部若しくは一部を負い、又は履行の追
完をする責任を負うこととされている場合

3　平成29年民法改正と任意規定

　このように、平成29年に改正された現行民法の規定のうち、契約に
関わるものの多くは任意規定ですから、当事者間の契約によってこれと
異なる内容の条項を置くことは可能です。しかし、上述のとおり、任意
規定に反する場合が無効となることがあることに注意すべきです。また、
任意規定には、国家によって公正かつ合理的と考えられた権利・義務
の分配に関する提案が含まれ、社会に対する一定の「秩序づけ機能」、「指
導形像機能」があるとする見解もあります（河上正二「任意法の指導形
像機能について」NBL1128号（商事法務、2018年）54頁）。そこで、任
意規定を特約によって修正するとしても、その修正は、当事者間の利益
のバランスに配慮し慎重に行うべきでしょう。

（稲村晃伸）

第 I 章

売　買

1

売買契約総論

1 売主の義務

1 契約の内容に適合した物の引渡義務

　民法では、売主が「契約の内容に適合」した物、権利を引き渡す義務を負っていることを前提とする規定（民法562条1項、565条等）が置かれており、これは不動産取引についても同様に当てはまります。したがって、売主は、契約の内容に適合した物の引渡義務を負っている、と理解することができます。

　そうすると、売主にはどのような物を引き渡すべき義務が課されているのか、契約において何を合意したかが分からなければ不明確になってしまいます。これは売主の債務不履行責任（損害賠償責任）の有無の判断にも関係するため、契約内容が重要であることは明らかです。

◀ 民　法 ▶

（買主の追完請求権）

第562条　引き渡された目的物が種類、品質又は数量に関して契約の内容に適合しないものであるときは、買主は、売主に対し、目的物の修補、代替物の引渡し又は不足分の引渡しによる履行の追完を請求することができる。ただし、売主は、買主に不相当な負担を課するものでないときは、買主が請求した方法と異なる方法による履行の追完をするこ

とができる。

2　前項の不適合が買主の責めに帰すべき事由によるものであるとき
　　は、買主は、同項の規定による履行の追完の請求をすることができな
　　い。

2　売主の義務の明確化の重要性

　民法上、売主としての義務を問題なく履行していると主張できるよう
にするためには、上述のとおり売主の義務を明確化すべきであり、不動
産取引であれば、契約書や重要事項説明書等に物件情報をできる限り詳
細に盛り込むことが重要になってきます。このようにすれば合意内容が
明確になりますのでトラブル回避になりますし、売主としてはまさに契
約内容に適合した物を引き渡しており、義務を履行しているとの裁判所
の認定判断を得やすくなるものと考えられます。このことは他方で、契
約書等に盛り込む物件情報に誤りがないか、正確な情報の把握と書類に
誤記等がないかの確認には留意すべきであることも示唆しますので、物
件の現地確認の重要性は認識すべきです。

　ここで、次のような疑問をお持ちの方がいるかもしれません。「契約
書に詳細に書き過ぎると、売主の義務違反とされる余地が大きくなって、
むしろ売主に不利なのではないか？」という疑問です。

　このような疑問には確かに一理あり、物件情報が充実すればするほど
契約書等に明示されている内容に反する余地は大きくなるといえます。
しかし、売主に課されているのは契約の内容に適合した物を引き渡す義
務なので、仮に問題のある物件でもそれが契約書等に明示されて合意さ
れていれば、売主に義務違反があるとは判断されません。無論、一から
百まですべての情報を契約書等の書類に盛り込むことは技術上も実際上
も難しいのですが、契約で合意された内容について情報が多ければ多い
ほど、明示されていない点についても「契約解釈」による補充が容易と
なり、合理的な契約解釈により当事者間に合意があった売買目的物とは
どのようなものであるか、売主の義務の範囲が明確化される結果、売主

の責任について予見可能性が高まることが期待できます。

3　売主の賠償責任の範囲

　例えば土壌汚染のある土地 A を売買する場合に、互いに土壌汚染の事実を知っていたのであれば別ですが、そうでなければ何か特別の事情がない限り、売主は「土壌汚染がない土地である A」を引き渡すことが合意されたと考えるのが合理的ですから、土壌汚染のある土地 A を引き渡したならば、売主には債務不履行（契約違反）があると判断されます。この場合、土壌汚染の対策費用のほか土壌汚染がなければ買主が得られたであろう利益等も損害として賠償範囲に含まれます。仮に、買主が転売先を見つけていて、差額1,000万円の利益を得られる予定だったのに土壌汚染発覚により転売ができなくなった場合、土壌汚染の対策費用等に加えて転売利益1,000万円も賠償対象になりえます。

4　現状有姿売買

　中古住宅の売買の場合、「現状有姿のまま引き渡す」などという特約が定められることが通例です。旧民法における瑕疵担保責任の規定はいわゆる任意規定ですので、その免責規定も有効ですが、現状有姿取引の特約は免責規定と同義とは考えられていませんでした。これと同様に、民法下においても現状有姿取引の特約を付したとしても直ちには売主の債務不履行責任を免責する条項にはならないと考えられます。その理由は以下のとおりです。

　現状有姿取引の特約を付しても、それと同時に目的物の性状について当事者間で合意をすることは可能です。そうすると、たとえ現状有姿であっても当事者が想定していた性状を欠いている、つまり契約内容に適合しない物であったということが生じ得ます。この場合には、現状有姿取引の特約は、単に売主が売買目的物に手を加えないという約束をしただけであって、売買目的物の性状に関する合意とは無関係であるから賠償責任には影響しないという契約解釈が可能だからです。現状有姿取引の特約に意味がないわけではありませんが、売主の債務不履行責任を免

責する条項であると誤解しないよう留意が必要です。

5 契約不適合責任に関する対応

　売主の契約不適合責任も旧民法における瑕疵担保責任と同様に任意規定と理解されていますから、免責規定を設けることが可能です。損害賠償額の予定をするという対応も考えられます。例えば、売買目的物である土地の品質が不明で、土壌汚染があるか否かについて不明であると契約書上に明記された場合に、次のような条項を設けることはどうでしょうか。

【条項例1】

　本件土地に土壌汚染があることが判明した場合、売主はその土壌汚染によって買主に生じた損害を賠償する責任を負わない。

【条項例2】

　本件土地に土壌汚染があることが判明した場合、売主はその土壌汚染によって買主に生じた損害を、1,000万円を上限として、賠償する責任を負う。

【条項例3】

　本件土地に土壌汚染があることが判明した場合、売主は買主に対し、1,000万円を賠償する責任を負う。ただし、買主に生じた損害額が1,000万円を下回ることを売主が立証した場合においては、この限りでない。

　なお、上述例のように、品質不明で土壌汚染があるか否か不明であると契約書上に明記された場合において、土壌汚染があるか否か不明な土地を引き渡したのだから仮に土壌汚染があっても売主に債務不履行はないと判断されるかというと、必ずしもそうではないと考えられます。それは、品質の不明さについて売主には分からないということが示された

だけであって、あくまでも土壌汚染のない土地の売買が合意されたと解釈するのが合理的だからです。売主としてリスクヘッジをするなら、品質不明という明示だけでは不十分といえます。

（青木耕一・野村拓人）

② 手 付

1 手付の意義

　手付とは、売買契約の際、当事者の一方から相手方に対し交付される金銭その他の有価物のことをいいます。手付には、①契約したことの証拠となる証約手付、②相手方が債務不履行をした場合にそれを受領した者が没収する趣旨で交付される違約手付、③手付を交付した者が解約する場合はそれを放棄し、手付を受領した者が解約する場合はその倍額を償還する（手付損・手付倍返しといわれます。）という趣旨で交付される解約手付があるといわれています。

2 旧民法における手付

　旧民法557条に手付に関する規定が存在していましたが、ここでは、手付解除に関して、「当事者の一方が契約の履行に着手するまでは、買主はその手付を放棄し、売主はその倍額を償還して、契約の解除をすることができる。」と規定しています。契約で証約手付、違約手付等としての規定がない場合に、この規定が適用され、この条項はいわゆる解約手付について規定していると判例・通説では解釈されてきました。もっとも、この規定は任意規定であり、これと異なる趣旨の手付の授受は禁止されていません。そこで、ある手付が違約手付であると合意されたとき、それが旧民法557条を排除する趣旨であるか争われたことがありましたが、この点、判例は、その手付は違約手付であると同時に解約手付でもあると判示しています[1]。この問題は、違約手付は契約の拘束力を強めるのに、解約手付は拘束力を弱めるので両方の機能を持つのは矛盾

---

[1] 最判昭和24年10月4日民集3巻10号437頁

ではないかという問題意識から議論されていますが、その合意に、手付損や手付倍返しで契約の解除は可能ですが、自由に契約をやめることはできない、という程度の拘束力を与えるものだと理解すれば特に問題はない、と理解されています。

また、旧民法557条では、「当事者の一方が契約の履行に着手するまでは」と規定されていましたが、同条は履行に着手した相手方を保護する趣旨の規定であることから、「相手方が」履行に着手するまでとすべきと解釈されてきました[2]。

さらに、旧民法557条は、売主は倍額を「償還して」としてきましたが、こうすると口頭での提供でも足りると解する余地もあり、それでは買主にとっては不当に不利となりかねないとして「現実に提供」する必要があると判例・通説は解釈してきました[3]。

3 現行民法における手付

現行民法557条は、手付が交付されたときは、それが解約手付の意味を有するものであることを推定する、という旧民法557条1項の考え方を維持したうえで、売主が手付を倍返しして契約を解除する場合には、解除の意思表意に際し倍額につき、現実の償還までは要しないが、現実の提供が必要であることを明記して、従来の判例法理を明文化しました。

また、旧民法557条1項の「当事者の一方が契約の履行に着手するまでは」という文言を「その相手方が履行に着手した後は」と改めることで、ここでも従来の判例法理を明文化し解釈上の疑義が生じないようにしました。

さらに、旧民法557条1項の文言からは、「履行の着手」の存否の主張立証責任の所在が判然としませんでしたが、裁判実務では、自らが履行に着手をしていても相手方が履行に着手するまではなお解除することができると解釈されており[4]、これは抗弁（手付解除の有効性を争う相

---

[2] 最判昭和40年11月24日民集19巻8号2019頁

[3] 大判大正3年12月8日民録20輯1058頁、最判平成6年3月22日民集48巻3号859頁

手方が履行に着手したことを主張立証しなければならない）と位置づけられていました。

　そこで、これらの判例や解釈を、民法557条1項ただし書に明文化しました。

　なお、民法557条2項は、改正前と実質的には変更はありません。

◀️**民　法**▶️

（手付）

第557条　買主が売主に手付を交付したときは、買主はその手付を放棄し、売主はその倍額を現実に提供して、契約の解除をすることができる。ただし、その相手方が契約の履行に着手した後は、この限りでない。

2　第545条第4項の規定は、前項の場合には、適用しない。

　最後に、今回の民法改正を受けて、宅地建物取引業法39条2項も、以下のように改正されました。

◀️**宅地建物取引業法**▶️

（手附の額の制限等）

第39条

2　宅地建物取引業者が、みずから売主となる宅地又は建物の売買契約の締結に際して手付を受領したときは、その手付がいかなる性質のものであっても、買主はその手付を放棄して、当該宅地建物取引業者はその倍額を現実に提供して、契約の解除をすることができる。ただし、その相手方が契約の履行に着手した後は、この限りでない。

4　条項例

　これを踏まえて、現行民法を踏まえた手付に関する規定を独自に設けるとすると、以下のようになると考えられます。

4　最判昭和40年11月24日民集19巻8号2019頁　※前掲2の判例です。

第○条（手　付）

1　乙（買主）は、本件売買契約の締結と同時に（または、20XX年○月○日限り）、手付金として金○○万円を甲（売主）の指定する下記口座に振り込む方法により支払う。なお、振込手数料は、乙（買主）が負担する。

記

　　　　銀行名　　：○○銀行○○支店

　　　　口座種類：普通口座

　　　　口座番号：○○○○○○○

　　　　口座名義：

2　手付金には、利息を付さない。

3　手付金は、残代金支払いの時に売買代金の一部に充当する。

4　乙（買主）が甲（売主）に支払済の手付金を放棄して、または、甲（売主）は、乙（買主）に受領済の本条第1項の手付金の倍額を現実に支払うことにより、それぞれ本件売買契約を解除することができる。

5　前項による解除は、相手方が本契約の履行に着手したときはすることができないものとする。

（岩田修一・田島直明）

③ 錯誤概説

1 錯誤とは

　錯誤とは、ごく簡単にいうと誤認のことです。契約にあたって当事者に誤認があった場合、一定の条件を満たすと売買契約を取り消すことができます。以下では、錯誤の要件等のうち重要と思われる点を説明します。

2 取り消しうる「錯誤」

　一言に錯誤といっても、どのような内容の錯誤でも取消しできるわけではありません。「（その錯誤が）法律行為の目的及び取引上の社会通念に照らして重要なものであるとき」と規定されており（民法95条1項）、法律行為（難しい法律用語ですが、契約という意味だと理解してください。）の目的と取引上の社会通念に照らし合わせたとき、その錯誤が重要なものといえるか否かによって判断します。そうすると、錯誤の判断にあたっては契約に至った目的が何だったのか、取引上の社会通念はどのような内容であるかに関心が向けられます。

　取引上の社会通念の内容としては、取引慣習も考慮されうるところですので、仮に当該地域において特殊な慣習があった場合を想定すれば、同じような取引でも地域によって錯誤の判断は異なりうると考えられますし、業界慣習も参考になります。また、当然社会情勢の変化によっても変わってきます。

　錯誤には大きく2類型定められており、①意思表示に対応する意思を欠く場合（民法95条1項1号）、②表意者が法律行為の基礎とした事情についてその認識が真実に反する場合（同項2号）があります。①の例として挙げられる典型は1,000円で販売予定だったものを誤って100円

で売ると言ってしまった場合（要するに言い間違い）です。②は一般に
動機の錯誤と言われるものであり、後述します。

▌3　動機の錯誤

　動機の錯誤とは、契約内容そのものではなく、契約に至る理由ないし
過程に錯誤がある場合を指します。例えば、新駅の建設予定の噂があっ
て値上がりが見込まれる土地の売買の場合を考えてみます。その土地の
売買時点の適正時価で取引され、土地に土壌汚染等の問題がなかったの
であれば、仮に新駅建設予定が実際には存在しなかったとしても、欲し
い土地を欲しい価格で購入できたのであり契約内容には錯誤がないと解
釈されており、動機の錯誤という類型に分類するのが通例です。

　動機の錯誤の場合、「その事情が法律行為の基礎とされていることが
表示されていた」（民法95条2項）ことすなわち動機が表示されていた
ことが取消しの要件として要求されます。これは、相手方は通常、動機
を知り得ないからです。ですから動機の表示は明示的なものだけでなく、
黙示的な場合を含みます（一問一答・22頁）。「表意者が法律行為の基
礎とした事情について」（民法95条1項2号）「その事情が法律行為の
基礎とされていたことが表示されていたとき」（同条2項）に錯誤とし
て契約の効力が否定されるわけですが、契約の基礎とした事情について
一方的な表示で足りるのか、相手方が了解していたことが必要なのかは
必ずしも明確ではありません。

　契約という当事者間の合意の効力の問題である以上は、相手方の了解
が必要と考えるのが理に適っていると思われますが、規定の文言上は、
相手方の了解までは不要で一方的に表示しているだけで足りるという解
釈のほうが素直ともいえます。この点でのトラブルを避けるためには、
法律行為の基礎とした事情についても契約書上に明記しておくことが考
えられるほか、表示された側としては安易に契約書に明記しないという
ことも必要かもしれません。

　ところで前述の新駅の例は、動機が表示されたとして錯誤取消ができ
るかは判断が微妙であると考えられます。買主が土地の値上がりを見込

んで売買契約を締結し、その際新駅建設予定という動機が表示されたとして、新駅建設の噂がどのように流れた情報か、どの程度確からしい情報だったのかによって買主に重過失があると判断される可能性（民法95条3項参照）や、新駅建設がなされなかったとしてもそれだけで買主に損失が生じるわけでもなく転売等も可能であるため、そもそも「その錯誤が法律行為の目的及び社会通念に照らして重要なものであるとき」（民法95条1項）にあたらないという判断もありうるところです。

なお、旧民法下の事例である最判平成28年1月12日民集70巻1号1頁の最高裁調査官解説（法曹時報69巻6号132頁以下）によると、「判例を全体としてみた場合に、動機が表示されさえすれば、常に要素の錯誤として意思表示の無効を来すことを認める立場を採っているわけではなく、（中略）実質的には、問題となる契約類型、契約当事者の属性、錯誤の対象となった事項等の諸事情を踏まえて、動機の錯誤がある表意者と相手方のいずれを保護するのが相当であるかという衡量が働いている」とした上で、「民法改正案が成立した場合、動機の錯誤の取扱いが明文化され、これに関する判例の言い回しも法文の文言を踏まえたものになると思われるが、上述したような判例の基本的な考え方それ自体はそれほど大きく変わらないのではないかと思われる」としていますので、従来の実務における動機の錯誤の取扱方法について大幅に変更される可能性は低いと評価されていることが分かります。

4 相手方の重過失等

錯誤が表意者の重過失によるものである場合、原則表意者は契約を取り消せませんが、相手方が表意者の錯誤を知っていた場合などは例外的に取消しが可能です（民法95条3項）。上述の新駅の例でいうと、相手方が何らかの理由で新駅建設予定が根も葉もない噂だと知っていた場合には、それ以外の錯誤の要件を満たせば表意者に重過失があっても契約を取り消すことが可能です。

5　錯誤の効果

　錯誤の効果は「取り消すことができる」というものです（民法95条
1項柱書）。取消しの効果は、取消しの意思表示がなされると、その行
為は「初めから無効であったものとみなす」（民法121条）というもの
であり、取り消せば無効の場合と同じ効果がもたらされますが、取消し
の意思表示までは契約は有効のままなので注意が必要です。当事者に選
択肢があって有利にも思われますが、相手方の地位が不安定なので取消
権の行使も完全な自由ではありません。錯誤取消は善意無過失（錯誤の
ことを知らず（これを法律用語で「善意」といいます。）、そのことに過
失がないこと。）の第三者に対抗できない（民法95条4項）ため、早め
に取消通知を行わないと善意無過失の第三者が現れる余地が高まりま
す。例えば、土地の売主が売買契約に錯誤があったので土地を取り戻し
たいと考えたとき、既に買主が土地を転売していたとすると、転売先が
錯誤のことを無過失で知らなければ売主は転売先に対しては錯誤を主張
できないため、土地を取り戻せません。その他以下のア～ウのような制
限があります。

　　ア　取消可能な契約は、追認することができ、一度追認すれば取り消
　　　すことはできなくなります（民法122条）。
　　イ　取消権は、5年間の時効で消滅します（民法126条）。
　　ウ　一定の行為をすると、追認したとみなされる場合があります（民
　　　法125条）。

6　実務上の留意点

　不動産売買の場面においては、とりわけ動機の錯誤が重要と考えられ
ます。前述3のとおり、契約書上に明記するか否かという問題は地味で
すが要注意な点に思われます。場合によっては、表意者が示した基礎事
情について、リスクヘッジのために調査確認すべき必要も出てくるかも
しれません。

　取引目的等も、リスクヘッジないしリスクの明確化のために、契約書

上に明文化して証拠化しておくことが重要です。コストの問題があります
ので費用対効果を勘案する必要があるでしょうが、些末な問題だと片
付けることはできません。

（青木耕一・野村拓人）

4 錯誤により取り消す通知

1 錯誤取消の通知の例

　錯誤を主張する場合には取消しの意思表示をする必要があります。意思表示の方法に法的な制約はありませんが、後日のトラブルを避けるために書面（できれば内容証明郵便）で通知するのがベストでしょう。通知書面の書き方にも決まりはありませんが、錯誤で取り消す対象となる取引を明確に識別できるように情報を指摘するのがポイントです。①当事者、②取引時期（実際の取引年月日と契約書の日付が異なっている場合には、契約書の日付で特定しておくのが無難でしょう。）、③目的物件、④代金額、⑤錯誤の内容と錯誤に基づいて取り消す旨の意思表示、これらが基本的な情報になります。以下に通知書本文の例を示してみます。

> 冠省　私は、貴殿から、令和○年○月○日、東京都○○区○○所在の土地（以下、「本件土地」といいます。）を代金3,000万円で買い受けました（以下、「本件売買契約」といいます。）。しかしながら、本件売買契約には次のような錯誤がありました。すなわち、本件土地の面積は実際には50平方メートルしかないところ、契約書等には50坪と表示されており、私も本件土地の面積は50坪であるとの認識でした。私が本件土地を購入しようとした目的は、自己が居住する建物建築であることは貴殿もご承知のとおりですが、50平方メートルの面積しかない本件土地上に新たに建物を新築するのは困難ですし、3,000万円という代金額も50平方メートルという面積を前提にすれば適正相場からあまりにかけ離れています。仮に、私が本件土地面積が50平方メートルしかないのを知っていれば、本件売買契約を締結しなかったことは明らかです。

　以上の次第ですので、錯誤に基づき、本書をもって本件売買契約を取り消します。交付済みの3,000万円については、本通知到達後10日間以内に私名義の下記銀行口座に振り込んで返還してください。

記

○○銀行　××支店

普通預金口座　0000000

口座名義人　○○○○

　仮に、10日間以内に3,000万円の返還がなされない場合には、法的措置をとることも検討中ですので、ご承知おきください。

草々

（青木耕一・野村拓人）

⑤　表明保証条項がある場合の錯誤の取扱い、暴排条項との関係

1　表明保証とは

　表明保証とは、契約時等一定の時点において、一方が他方に対して、契約するに当たって重要な事項（当事者の属性、財務状況、契約の目的物の内容等）、権利関係の存在・不存在に関して真実・正確であることを表明し、相手方に対してその内容を保証することをいい、契約において広く利用されています。

　表明保証の機能としては、①契約締結前に当事者による情報開示を促進し、デューデリジェンスを補充する機能と、②当事者の合意通りに取引から生ずるリスクを分配する機能があるとされています（井上聡「金融取引における表明保証」金融法務事情1975号47頁（2013年））。

　表明保証条項違反があったとして売主の買主に対する損害補償義務が認められた裁判例としては、東京地判平成18年1月17日判時1920号136頁があります。この裁判例では、消費者金融会社Ａの企業買収（Ｍ＆Ａ）を目的とするＡの全株式の譲渡契約において、その譲渡価格は、Ａの簿価純資産額により算出されており、株式の売主であるＹらが、買主であるＸとの間で、「Ａの財務諸表が完全かつ正確であり、一般に承認された会計原則に従って作成されたものであること」等を表明、保証し、この表明、保証した事項に違反があった場合にはこれにより被ったＸの損害を補償することを合意していた事案において、表明保証条項違反があったとしてＹらのＸに対する損害補償義務が認められています。

2　表明保証と錯誤との関係

　表明保証と錯誤との関係においては、ある取引において、ある事項についての表明保証がされたが、後にその事項の真実性・正確性が否定

され、表明保証違反が判明したという場合において、取引当事者の一方が、表明保証合意に従った解決を拒絶し、その事項についての真実性・正確性について、動機の錯誤に陥っていたと主張して、取引の合意の有効性を否定することができるかどうかという点が問題となり得ます。

民法は、「表示の錯誤」と「動機の錯誤」を明示的に区別して規定しており（95条1項1号及び2号）、動機の錯誤（表意者が法律行為の基礎とした事情についてのその認識が真実に反する錯誤）については、「その事情が法律行為の基礎されていることが表示されていた」場合に限り、錯誤による意思表示の取消しを主張することができるとされています（95条2項）。

売主の表明保証違反があった場合、動機の錯誤があったとして買主が契約締結の意思表示の錯誤無効を主張できるかという問題に関しては、①表明保証の真実性はあくまで補償責任や取引実行前の契約解除を基礎づけるに過ぎず、M&A契約では取引実行後の法律関係の巻き戻しは基礎づけないとして合意されることが多いこと、②「表明保証」が用いられた場合の違反の効果は損害賠償又は一定の補償とすることが通常であり、表明保証違反に対して取消しまで認めてしまう可能性が生ずるなど、現在行われている事業者間取引の安定性を大きく損ねることになること等を理由に、取引実行後は、買主は売主の表明保証違反を理由に錯誤取消の主張をすることができないと解されています。

3 動機の錯誤と反社会的勢力との関係

動機の錯誤と反社会的勢力との関係について、最判平成28年1月12日民集70巻1号1頁は、信用保証協会と金融機関との間で保証契約が締結され融資が実行された後に主債務者が反社会的勢力であることが判明した事案において、「信用保証協会において主債務者が反社会的勢力でないことを前提として保証契約を締結し、金融機関において融資を実行したが、その後、主債務者が反社会的勢力であることが判明した場合には、信用保証協会の意思表示に動機の錯誤があるということができる」が、「動機は、たとえそれが表示されても、当事者の意思解釈上、それ

が法律行為の内容とされたものと認められない限り、表意者の意思表示に要素の錯誤はないと解するのが相当である」とした上で、上記保証契約の当事者がそれぞれの業務に照らし、上記の場合が生じ得ることを想定でき、その場合に信用保証協会が保証債務を履行しない旨をあらかじめ定めるなどの対応を採ることも可能であったにもかかわらず、上記当事者間の信用保証に関する基本契約及び上記保証契約等にその場合の取扱いについての定めが置かれていないなど判示の事情の下では、主債務者が反社会的勢力でないことという信用保証協会の動機は、明示又は黙示に表示されていたとしても、当事者の意思解釈上、上記保証契約の内容となっていたとは認められず、信用保証協会の上記保証契約の意思表示に要素の錯誤はないと判示しました。

　この事案は、取引当事者や利害関係人が「反社会的勢力ではない」ことの表明保証をした事案ではありませんが、上記の判例を前提にすると、仮にそのような表明保証がされていたとしても、反社会的勢力に関する明示がなされ、さらにそれに違反した場合には保証契約が無効になること等が明確になっていない限り、表明保証された事項に関して動機の錯誤があったことを理由とする錯誤取消し（無効）の主張は認められない可能性があると考えられます。

4　参考・暴力団排除条項

　近時は、政府の方針や暴力団排除条例の制定を受けて、暴力団等の反社会的勢力を排除する条項が契約書に設けられることが多くなっています。もっとも、前掲最判平成28年1月12日が示すように、契約当事者が反社会的勢力でないことを表示しただけでは、契約の内容になっていないとの理由で錯誤による無効主張が認められない可能性があるため、契約当事者が反社会的勢力ではない旨の誓約等に違反した場合に無催告解除を認める条項を設ける必要が大きいといえます。

　これに関しては、国土交通省が「反社会的勢力排除のためのモデル条項について」というひな形を公開していますので、参考にしてください[1]。

（反社会的勢力の排除）

第○条　売主及び買主は、それぞれ相手方に対し、次の各号の事項を確約する。

　①　自らが、暴力団、暴力団関係企業、総会屋若しくはこれらに準ずる者又はその構成員（以下総称して「反社会的勢力」という）ではないこと。

　②　自らの役員（業務を執行する社員、取締役、執行役又はこれらに準ずる者をいう）が反社会的勢力ではないこと。

　③　反社会的勢力に自己の名義を利用させ、この契約を締結するものでないこと。

　④　本物件の引き渡し及び売買代金の全額の支払いのいずれもが終了するまでの間に、自ら又は第三者を利用して、この契約に関して次の行為をしないこと。

　　ア　相手方に対する脅迫的な言動又は暴力を用いる行為

　　イ　偽計又は威力を用いて相手方の業務を妨害し、又は信用を毀損する行為

2　売主又は買主の一方について、次のいずれかに該当した場合には、その相手方は、何らの催告を要せずして、この契約を解除することができる。

　　ア　前項①又は②の確約に反する申告をしたことが判明した場合

　　イ　前項③の確約に反し契約をしたことが判明した場合

　　ウ　前項④の確約に反した行為をした場合

3　買主は、売主に対し、自ら又は第三者をして本物件を反社会的勢力の事務所その他の活動の拠点に供しないことを確約する。

4　売主は、買主が前項に反した行為をした場合には、何らの催告を要せずして、この契約を解除することができる。

5　第2項の規定又は前項の規定によりこの契約が解除された場合には、解除された者は、その相手方に対し、損害賠償額の予定と

---

[1]　https://www.mlit.go.jp/totikensangyo/const/sosei_const_tk3_000083.html

して金〇〇〇〇円(売買代金の20％相当額)を支払うものとする。

6　第2項の規定によりこの契約が解除された場合には、解除された者は、解除により生じる損害について、その相手方に対し一切の請求を行わない。

7　買主が第3項の規定に違反し、本物件を反社会的勢力の事務所その他の活動の拠点に供したと認められる場合において、売主が第4項の規定によりこの契約を解除するときは、買主は、売主に対し、第5項の違約金に加え、金〇〇〇〇円（売買代金の80％相当額）の違約罰を制裁金として支払うものとする。ただし、宅地建物取引業者が自ら売主となり、かつ宅地建物取引業者でない者が買主となる場合は、この限りでない。

（岩田修一・池田大介）

⑥ 売買の原状回復義務の範囲

1 総 論

原状回復義務とは、契約の解除権が行使されたときに発生する、各当事者がその相手方を原状（契約締結前の状況）に復させる義務をいいます（民法545条1項）。

契約が解除された場合、判例・通説である直接効果説（契約上の債権・債務関係が契約当時に遡って消滅すると考える説）を前提にすると、契約で定められた義務のうち、未履行の部分は、契約締結時に遡って消滅するので履行する必要がなくなります。例えば、売主が売買の目的物の一部を履行したが、買主が代金を支払わないために契約を解除したとすれば、売主は残部を給付する義務を免れ、買主は代金を支払う義務を免れることになります。これに対して、既履行の部分については、売買契約であれば双方が相手に金銭や売買の目的物を返還する等して、契約締結時の状態に回復させることになります。この場合、売買契約の目的物である不動産の所有権は遡及的に売主に復帰し、買主は所有権を取得しなかったことになるのが原則ですが、解除以前に買主よりその不動産を転得した第三者がいるような場合には、解除の効果が制限される場合があります（民法545条1項ただし書）。

売買契約が解除された場合において、金銭を返還するときには、その受領の時から利息を付さなければならず（同条2項）、金銭以外の物を返還するときは、現物とともに、その受領の時以後にその物から生じた果実も返還しなければなりません（同条3項）。

明文の規定はないものの、売買契約に基づき目的物の引渡しを受けていた買主は、契約を解除した場合でも、原状回復義務の内容として、解除までの間に目的物を使用したことによる利益も売主に返還しなければ

ならないと解されています（最判昭和51年2月13日集民30巻1号1頁）。契約解除に伴う原状回復により、償うことができない損害が生じた場合には、損害を生じさせた者が相手に賠償義務を負うことになります（同条4項）。

　なお、上記の原状回復義務及びその不履行による損害賠償義務の消滅時効は、契約の解除の時から進行することになります（大判大正7年4月13日民録24輯669頁、最判昭和35年11月1日民集14巻2781頁）。

▌2　具体例

　売買における原状回復義務としては、以下のような場合があります。

　Yは、2021年1月、Xとの間で、Xの所有する甲土地を1,000万円で購入する売買契約を締結し、甲土地の引渡しを受け、また所有権移転登記も完了しました。

　しかし、この甲土地の下には産業廃棄物が埋まっていて汚染されており、甲土地を利用することができないことが判明したため、Yはこの売買契約を解除する意思表示をしました。

　このような場合、XYは以下のような原状回復義務を負うことになります。

① 　X

　1,000万円の売買代金と受領時からの利息をYに返還する。

② 　Y

　　㋐　甲土地をXに返還する。

　　㋑　甲土地の移転登記を抹消する。

　さらに、③Yがこの甲土地を利用していたことによる使用利益（月極駐車場にしていたような場合には駐車代金と利息）についても返還する必要があります。ただし、Yの才覚で特殊な使い方をして大きな利益を上げていたような場合に、その利益の全額をXに返還すべきかは別途問題になります。

（岩田修一・池田大介）

❷ 債務不履行に基づく損害賠償

① 債務不履行責任の条項例

1　損害賠償責任の発生根拠

◀民　法▶

（債務不履行による損害賠償）

第415条　債務者がその債務の本旨に従った履行をしないとき又は債務の履行が不能であるときは、債権者は、これによって生じた損害の賠償を請求することができる。ただし、その債務の不履行が契約その他の債務の発生原因及び取引上の社会通念に照らして債務者の責めに帰することができない事由によるものであるときは、この限りではない。

2　前項の規定により損害賠償の請求をすることができる場合において、債権者は、次に掲げるときは、債務の履行に代わる損害賠償の請求をすることができる。

一　債務の履行が不能であるとき。

二　債務者がその債務の履行を拒絶する意思を明確に表示したとき。

三　債務が契約によって生じたものである場合において、その契約が解除され、又は債務の不履行による契約の解除権が発生したとき。

旧民法の改正に伴い、損害賠償責任の発生根拠は、債務者に何らかの

帰責事由がなければならないとする「過失責任の原則」から、契約を締結したことにより契約関係に拘束されるという「契約の拘束力」に求められるようになりました（潮見佳男『新債権総論Ⅰ』2017年信山社・373〜374頁参照）。

　現行民法415条1項は、債務者が「債務の本旨に従った履行をしないとき」「債務の履行が不能であるとき」に損害賠償請求権が発生するとし、同項ただし書において、「債務者の責めに帰することができない事由」（免責事由）があるときは損害賠償責任を負わないこととしました。この免責事由については、「契約その他の債務の発生原因」「取引上の社会通念」という判断基準を明確にしました（一問一答・74頁）。

　上記規定によれば、契約当事者が債務不履行に基づく損害賠償責任を負うかどうかは、契約内容だけではなく、契約締結に至る経緯、契約当事者の契約締結目的、契約の性質（有償又は無償）、当該契約の取引慣行などの事情を踏まえて判断されることになります。契約当事者は、これらの点を踏まえて、損害賠償責任が発生する場合と損害賠償責任を免れる場合を協議の上明確に定めておくことが望ましいといえます。

2　債務不履行の具体的類型と損害賠償責任の内容

⑴　債務不履行の具体的な類型

　講学上、債務不履行の分類は履行遅滞、履行不能、不完全履行に分類されます。民法415条1項では、「債務の本旨に従った履行をしないとき」「債務の履行が不能であるとき」と規定するのみですが、「債務の本旨に従った履行をしないとき」には、履行遅滞のみならず不完全履行も当然に含まれると考えられています。

　損害賠償責任の内容は、類型によって異なりますので、以下では類型ごとに説明します。

(2)　履行遅滞

◀ 民　法 ▶

（履行期と履行遅滞）

第412条　債務の履行について確定期限があるときは、債務者は、その
　期限の到来した時から遅滞の責任を負う。

2　債務の履行について不確定期限があるときは、債務者は、その期限
　の到来した後に履行の請求を受けた時又はその期限の到来したことを
　知った時のいずれか早い時から遅滞の責任を負う。

3　債務の履行について期限を定めなかったときは、債務者は、履行の
　請求を受けた時から遅滞の責任を負う。

　履行遅滞では、債務の履行期を徒過した時から「遅滞の責任」を負う
ことになります。ここでいう「遅滞の責任」の内容は、遅延損害金、履
行遅滞に伴う追加諸費用など債務の履行が遅れたことにより、契約の相
手方が被った損害ということになります。後述する填補賠償（債務の履
行に代わる損害賠償）までは認められません。

(3)　履行不能

◀ 民　法 ▶

（債務不履行による損害賠償）

第415条（省略）

2　前項の規定により損害賠償の請求をすることができる場合におい
　て、債権者は、次に掲げるときは、債務の履行に代わる損害賠償の請
　求をすることができる。

　一　債務の履行が不能であるとき。

　二　債務者がその債務の履行を拒絶する意思を明確に表示したとき。

　三　債務が契約によって生じたものである場合において、その契約が
　　　解除され、又は債務の不履行による契約の解除権が発生したとき。

（履行不能）

> **第412条の2**　債務の履行が契約その他の債務の発生原因及び取引上の社会通念に照らして不能であるときは、債権者は、その債務の履行を請求することができない。
>
> **2**　契約に基づく債務の履行がその契約の成立の時に不能であったことは、第415条の規定によりその履行の不能によって生じた損害の賠償を請求することを妨げない。

　履行不能には、契約締結後の後発的な履行不能のみならず、契約締結時の原始的な履行不能も含まれ（412条の2第2項）、履行不能であるか否かは、「契約その他の債務の発生原因」及び「取引上の社会通念」を踏まえて判断されることになります（412条の2第1項）。

　履行不能の場合には、債務の履行に代わる損害賠償（填補賠償）を請求することができ（415条2項1号）。この填補賠償の内容についても上記の考慮要素を踏まえて決まります。

⑷　不完全履行

　不完全履行については、特段の規定が設けられていませんが、履行の追完がされれば結果的に履行が遅れただけになるため履行遅滞と同様となり、履行の追完ができない場合には結果的に全部又は一部の履行不能と同様になります。

3　条項例

　以上の点を踏まえ、不動産売買契約における債務不履行に基づく損害賠償責任の条項を定めるかについては、以下のような条項例が考えられます。

　なお、不動産売買契約において、債務不履行に基づく損害賠償責任については、違約金請求の形で条項化しているケースが多いと思われますが、条項例では民法の規定を前提にしています。

> 【条項例】
>
> 　売主及び買主は、その相手方が本契約に定める債務の本旨に従った履行をしない場合又は債務の履行が不能となったときは、損害賠償を請求することができる。ただし、債務不履行の原因が、本契約及び社会通念等に照らして債務者の責めに帰することができない事由によるときはこの限りではない。

　債務者に「免責事由」が認められる場合であったとしても免責事由には様々な事由が考えられます。また、民法415条は任意規定であることから、契約当事者において、免責事由について特段の定めをすることも可能です。この免責事由の定め方如何によって、契約当事者間においてどのようにリスクを分担するかが決まることになります。この点については、次の項目で検討します。

（増子和毅）

② 帰責事由のリスクをどのように 分担するか

1　帰責事由のリスク分担の必要性

　これまでに述べてきたように、債務者が債務不履行に基づく責任を免れるためには、債務者に「免責事由」、すなわち「契約その他の債務の発生原因及び取引上の社会通念に照らして債務者の責めに帰することができない事由」（民法415条1項ただし書）がなければなりません。すなわち、民法415条1項ただし書では、帰責事由について、債務者がその不存在を主張立証すべき旨を明らかにしています（一問一答・74頁参照）。

　具体的に債務者に「免責事由」があると考えられる場合としては、大きく分けて、①債権者に帰責事由がある場合、②債権者・債務者以外の第三者に帰責事由がある場合、③天変地異のような不可抗力による場合、が挙げられます。

2　債務者に「免責事由」があるとされる場合の具体例

　①から③の具体的事例としては、次のようなものが考えられます。①の債権者に帰責事由がある場合については、極端で分かりやすい事例を挙げれば、建物の売買契約において、建物の引渡債務の履行前に建物の見学に来た買主が当該建物を履行期前に故意・過失で燃やしてしまったような場合、建物の売主は、売買契約に基づく債務を履行したくてもできなくなったということになります。

　②の債権者・債務者以外の第三者に帰責事由がある場合、例えば、契約成立後履行期前に、第三者が売買契約の目的である建物に放火したといった場合が考えられます。

　③の天変地異の代表的な事例は、契約成立後履行期前に売買の目的物

である建物が、落雷が原因の火事で燃えてなくなってしまったような場合です。

　債権者に帰責事由があるとされる①については、債権者に責めに帰すべき事由があり、債務者が債務不履行責任を負担することはありません。この場合、売主が売買契約を解除するか（民法542条1項1号）、危険負担について定めた民法536条2項によって処理されることになります。（いずれも、別項で検討します。）。これに対して、②と③には、債務者が債務の履行ができなくなった原因となる事象が起きた時期がいつであるかによって、結論が異なってきます。第三者の行為が介在した結果、債務の不履行ができなくなった場合と、落雷のような自然災害が介在した結果、債務の不履行ができなくなった場合とでは厳密にいえば異なった法律関係となりますが、契約の当事者間にもたらす結果は類似しているので、まず、落雷によって建物が消失するなどして滅失した場合を例に説明します。

3　落雷があった場合のリスク分担について

　落雷のような自然災害が債務不履行に基づく損害賠償責任にどのような影響を与えるかについては、落雷によって売買契約の目的物である建物が滅失した場合、落雷が起きた状況によって異なります。

(1)　契約の成立前に落雷により建物が燃えて滅失してしまった場合

　この場合には、そもそも存在しない建物を売買契約の目的物としてしまったことになります。この問題について、旧民法のもとでは、契約の「原始的不能」の問題として議論されてきました。すなわち、契約に基づく債務が原始的不能である場合、そもそも契約は無効であり、債務不履行となる余地はないと解されてきました。他方、現行民法412条の2第2項では、「履行の不能によって生じた損害の賠償を請求することを妨げない」との規定を設け、契約に基づく債務が原始的不能であっても、債務不履行に基づく損害賠償請求をすることは妨げられないとしています（一問一答・72頁）。したがって、旧民法における場合と異なり、現

行の民法では、いわゆる原始的不能の場合であっても、債務不履行責任が生じる可能性があるため、このようなケースに備えるためには、契約書でリスク分担（原始的不能の場合には無条件で解除できる旨の条項を設ける等）について定めておくことが有用となります。

　ただし、この点、債務の履行が不能であるにもかかわらず、契約が締結されていることから、動機の錯誤（民法95条）を理由に契約が取り消される可能性はあり、このことまで民法412条の2第2項によって否定されるものではないと解されています（一問一答・72頁）。

⑵　契約の成立後履行期日までに落雷により建物が燃えて滅失してしまった場合

　このケースでは、建物が滅失した原因が落雷であることから、債権者・債務者双方に建物の滅失についての「責めに帰すべき事由」はありません。このような場合には、買主・売主とも契約を解除することができるとともに（民法542条1項1号）、民法536条1項が規律する危険負担の問題として処理することも可能です（本章❸④参照）。

⑶　履行期を過ぎてから落雷によって建物が燃えて滅失してしまった場合

　この場合、まず、債務者が履行期に債務の履行（この場合には建物の引渡し）を行わなかった間に落雷によって建物が滅失し、履行不能となった場合、かかる履行不能は「債務者の責めに帰すべき事由によるもの」とみなされ、債権者に損害賠償請求権が与えられます。（民法413条の2第1項）。

　これに対して、買主である債権者が履行期を過ぎても建物の引渡しを受けないでいる受領遅滞（民法413条）の場合には、受領遅滞中の履行不能の問題として解決されることになります（民法413条の2第2項参照）。この問題は、受領遅滞の項目で再度議論します。

‖4　リスク分担を意識した条項例

　以上をまとめると、債務者の免責事由は、債権者側の事情や不可抗力

による場合など、債務者の外部にあり、債務者が対処のしようがない事由ということができます。そこで、債務者の免責事由の裏返しとしての帰責事由の立証責任を債権者と債務者のいずれに負わせるかによって、リスク分担を意識した条項例が民法のもとでは考えられます。

　まず、民法415条1項によるデフォルト・ルールは、債務者は債務不履行があれば損害賠償義務を負い、ただ債務者が契約その他の債務の発生原因及び社会通念に照らし免責事由を主張立証すれば、賠償義務を負わないというもので、この点では現行民法のルールと同じです。例えば、このルールをそのまま条項化すると、以下のようになります。

【条項例1】

　売主又は買主の債務不履行により相手方に損害を与えた場合、当該当事者は相手方に対し損害賠償義務を負う。ただし、当該当事者に責めに帰することができない事由が認められるときは、この限りでない。

　ただ、民法415条1項は任意規定なので、当事者間でこれと異なる合意をすることができます。例えば、あえて以下のような条項を設ければ、債務者の帰責事由の立証責任を債権者側に負わせることになりますから、債務者にとって有利な結果を導くことができます。

【条項例2】

　売主又は買主の債務不履行により相手方に損害を与え、かつ、当該当事者に責めに帰すべき事由が認められる場合は、当該当事者は相手方に対し損害賠償義務を負う。

　なお、民法415条1項ただし書の免責事由の代表例は不可抗力ですが、不可抗力の内容は明確ではありません。そこで、不可抗力の具体的内容を明記した条項を置くことも後日の紛争を回避するうえで有効だと考えられます。

【条項例3】

　売主又は買主は、債務の不履行が、天災、暴動、戦争、動乱、テロ行為、同盟罷業等の争議行為、交通機関の事故その他の不可抗力により生じた場合には、相手方に対し損害賠償義務を負わない。

（岩田真由美・徐　靖）

３　416条の内容

1　損害の意義

　債務不履行に基づく損害賠償請求権とは、債権者が、債務を履行しなかった債務者に対し、債務不履行により生じた損害の賠償を請求することができる権利をいいます。

　このとき、債権者が債務者に対して請求できる損害は、条文上、通常損害と特別損害とに分けて考えられています（民法416条1項及び2項）。

　通常損害とは、債務が履行されなかったことにより現実に生じた損害のうち、一般に生じるであろうと認められる損害をいい、後述の特別損害を除いたものをいいます。例えば、賃借人が貸室の返還を遅滞した場合、賃貸人は、賃借人に対して、通常損害として、現実に返還を受ける日までの賃料相当額を請求することができます。

　他方、特別損害とは、通常損害に対する概念であり、特別事情によって生じた損害をいいます。例えば、上記と同様の事例において、賃貸人が返還日の翌日から従前の2倍の賃料で新たな賃貸を行う予定だったという特別事情が存在した場合、賃貸人は、賃借人に対して、差額の賃料分を特別損害として請求することになります。このとき、特別損害として請求が認められるかどうかは、賃貸人が返還日の翌日から従前の2倍の賃料で新たな賃貸を行う予定だったという特別事情を賃借人が「予見すべきであった」（民法416条2項）か否かという規範的評価により決まることになります。なお、賃貸借契約によっては、貸室の返還を遅滞した場合に、「賃料の2倍額に相当する損害金を支払う」という特約が設けられることがありますが、これは「賠償額の予定」（民法420条1項）の問題になります（本節５）。

◀民　法▶

（損害賠償の範囲）

第416条　債務の不履行に対する損害賠償の請求は、これによって通常生ずべき損害の賠償をさせることをその目的とする。

2　特別の事情によって生じた損害であっても、当事者がその事情を予見すべきであったときは、債権者は、その賠償を請求することができる。

2　損害賠償に関する条項例

　次の**条項例1**（基本形）を基に、個々の契約に適した変更（損害賠償の範囲の拡大又は限定、損害賠償の上限の設定等）を行うことになります。

【条項例1　（基本形）】

　買主及び売主は、本契約に違反して相手方に損害を与えた場合、相手方に対し、その損害を賠償しなければならない。

【条項例2　（損害賠償の範囲の拡大）―買主有利】

　買主及び売主は、本契約に違反して相手方に損害を与えた場合、相手方に対し、その一切の損害（弁護士費用を含むが、これに限られない。）を賠償しなければならない。

【条項例3　（損害賠償の範囲の限定及び上限の設定）―売主有利】

　買主及び売主は、本契約に違反して相手方に損害を与えた場合、相手方に対し、直接かつ現実に生じた通常の損害（間接損害、消極損害、逸失利益その他特別の損害を含まない。）を賠償しなければならない。この場合の損害賠償の額は、売買代金額を上限とする。

（大橋美香・小路敏宗）

④　法定利率で利息を支払う場合の通知

1　法定利率の意義

(1)　利息債権

　利息とは、元本から生じる収益のことをいい、金銭その他の代替物である元本使用の対価として、元本額と使用期間に応じて、一定の利率により支払われる金銭その他の代替物をいいます[1]。

　利息は、当事者の合意又は法律の規定によって発生します。例えば、金銭消費貸借契約や預金契約等の契約から利息が発生することがあります（約定利息債権）。また、民法において、売買契約の買主が目的物の引渡しを受けた日から代金支払いをする日までの間、当事者に別段の定めがある場合を除いて、法定の利率に基づき代金の利息が発生すること等が定められています（民法575条2項本文。法定利息債権）。

　約定利息債権についても、法定利息債権についても、利息を計算するための利率について、当事者が合意している場合、利息は、合意した利率で計算されます（約定利率）。他方、約定利率が存在しない場合、利息は、法律で定められた利率で計算されることになります（法定利率）。

(2)　遅延損害金

　遅延損害金（遅延利息とも呼ばれる）と利息は、期間に応じて一定の率により発生するという共通点がありますが、利息が元本使用の対価であるのとは異なり、遅延損害金とは履行遅滞による損害賠償金のことです。

　代金の支払いのように、金銭の支払いを目的とする債務（金銭債務）

---

[1]　潮見佳男『新債権総論Ⅰ』2017年信山社・223頁

の不履行については、その損害賠償額（遅延損害金）について、一般の債務不履行責任とは異なり、法定利率によって定めるものとされています（民法419条1項本文）。もっとも、当事者間で合意した利率が法定利率を超えるときは、当事者間で合意した利率（約定利率）により計算された金額による賠償となります（民法419条1項ただし書）。

◀ **民　法** ▶

（金銭債務の特則）

第419条　金銭の給付を目的とする債務の不履行については、その損害賠償の額は、債務者が遅滞の責任を負った最初の時点における法定利率によって定める。ただし、約定利率が法定利率を超えるときは、約定利率による。

2　法定利率

(1)　2020年4月1日の法定利率は年3パーセント

　民法は、法定利率を変動制とした上で、2020年4月1日（「民法の一部を改正する法律」（平成29年法律第45号）の施行日）における法定利率を年3パーセントと定めています（民法404条2項）。

　なお、旧民法では、法定利率は年5パーセントで固定されていました（旧民法404条）。また、旧商法では、商行為によって生じた債務について、商事法定利率（年6パーセント）が定められていましたが（旧商法514条）、現在では、この商事法定利率は廃止され、民法の法定利率に一本化されています。

(2)　変動制

　民法は、法定利率について変動制を採用しています。市中の金利動向は今後とも変動し、将来的には現在の金利水準と大きく乖離する状況も予測されることから、そのような金利水準の変動に備えるためです（一問一答・78、81頁）。

　変動制における法定利率の計算方法については、「民法（債権関係）

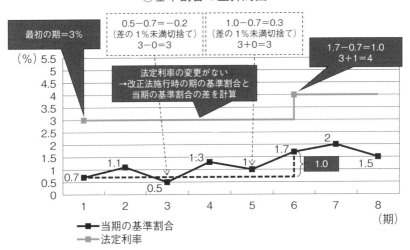

①基準割合の上昇局面

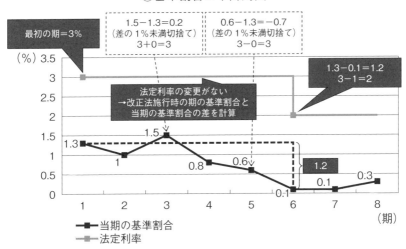

②基準割合の下降局面

部会資料81B・3頁」において、上記図のように説明されています。おおまかにいうと、3年ごとに、過去5年間の市中金利の平均値の新旧比較により、1パーセント刻みの加減がなされるという、「緩やかな変動制」です[2]（一問一答・78、81頁）。

◀民　法▶

（法定利率）

第404条　利息を生ずべき債権について別段の意思表示がないときは、その利率は、その利息が生じた最初の時点における法定利率による。

2　法定利率は、年3パーセントとする。

3　前項の規定にかかわらず、法定利率は、法務省令で定めるところにより、3年を一期とし、一期ごとに、次項の規定により変動するものとする。

4　各期における法定利率は、この項の規定により法定利率に変動があった期のうち直近のもの（以下この項において「直近変動期」という。）における基準割合と当期における基準割合との差に相当する割合（その割合に1パーセント未満の端数があるときは、これを切り捨てる。）を直近変動期における法定利率に加算し、又は減算した割合とする。

5　前項に規定する「基準割合」とは、法務省令で定めるところにより、各期の初日の属する年の6年前の年の1月から前々年の12月までの各月における短期貸付けの平均利率（当該各月において銀行が新たに行った貸付け（貸付期間が一年未満のものに限る。）に係る利率の平均をいう。）の合計を60で除して計算した割合（その割合に0.1パーセント未満の端数があるときは、これを切り捨てる。）として法務大臣が告示するものをいう。

3　不確定期限のある債務の不履行についての遅延損害金の利率

　民法は、不確定期限（例えば、「甲が死亡したら支払う」というように、将来確実に発生するが、その時期が分からない期限）のある債務の不履行について、債務者が期限の到来した後に履行の請求を受けた時又は債務者が期限の到来したことを知った時の、いずれか早い時から遅滞の責任を負うこととしています（民法412条2項）。

---

[2]　中田裕康『債権総論 第四版』2020年岩波書店・63頁

そして、不確定期限のある債務については、法定利率の変動制と相まって、遅延損害金の利率が選択的に複数存在することになりえます（例えば、法定利率について、A時点で請求すると3％であるものの、その後のB時点で請求すると2％ということがありえます）ので、債権者は、期限到来後いつ履行請求を行うのが有利かを検討する必要が生じるかもしれません。なお、期限の定めのない債務（民法412条3項）についても同様の検討をする必要が生じるかもしれません。

◀ 民　法 ▶

（履行期と履行遅滞）

第412条　債務の履行について確定期限があるときは、債務者は、その期限の到来した時から遅滞の責任を負う。

2　債務の履行について不確定期限があるときは、債務者は、その期限の到来した後に履行の請求を受けた時又はその期限の到来をしたことを知った時のいずれか早い時から遅滞の責任を負う。

4　不確定期限到来後の履行請求に関する通知の文例

不確定期限のある債務について時点を特定して法定利率に基づく遅延損害金を請求する場合、次のような通知文言が考えられます。

【文　例】

　貴社と当社との間における令和△年△月△日付金銭消費貸借契約に基づく貸付金○円の弁済につきましては、□□という不確定期限が定められておりましたが、□□により、令和×年×月×日、その期限が到来しました。

　つきましては、当社は、貴社に対し、貸付金○円及び本書面到達の日の翌日から支払済みまで年◎パーセント（本書面到達の日における法定利率）の割合による遅延損害金の支払いを求めます。

（大橋美香・小路敏宗）

⑤　賠償額の予定の条項

1　賠償額の予定の意義

⑴　賠償額の予定

　賠償額の予定とは、当事者が債務不履行が生じたときの損害賠償の額をあらかじめ合意することをいいます。

　賠償額の予定の合意をしている場合、債権者は、賠償額の予定の合意、債務不履行の事実を立証することにより、損害の発生や損害額を立証することなく、債務者に対して、予定賠償額を請求することができます。

⑵　賠償額の予定が対象とする債務不履行

　賠償額の予定が対象とする債務不履行は、細かく場面を分けて検討する必要があります。

　当事者が「履行遅滞」が生じたときの賠償額の予定を定めたものの、履行不能が生じた場合、履行遅滞を前提とした賠償額の予定は基準となりません。

　例えば、売買の目的物である不動産の引渡しが遅れた場合、1日につき10万円を支払うとの賠償額の予定の合意をしたとします。このとき、不動産の引渡しの遅れではなく、売買の目的物の不動産が引渡し前に滅失して引渡しが不可能となった場面では、「1日につき10万円を支払う」という賠償額の予定の合意は基準とならず、債権者は、民法416条に基づく一般の債務不履行責任に基づく損害賠償請求を行うことになります。

　もっとも、判例において、賠償額の予定が売主の債務不履行により買主のする損害賠償請求での賠償額算定の争いを避けようとする趣旨であり、解除せずに填補賠償を請求する場合と解除をして請求する場合とで

買主が請求しうる金額に差異がないとの点に照らし、この賠償額の予定には、契約を解除することなく塡補賠償を請求する場合も含まれるものと解するのが相当との判断が示されましたので、この点を踏まえた合意をすることで、損害の立証負担を軽減することができるでしょう。

(3)　債務者に帰責事由がないとき

　債務者が賠償額の予定に基づく請求を受けた場合、債務者は、帰責事由がないことを理由として、請求を拒否することができるかについては、見解が分かれています。

　従前より、賠償額の予定は、債務不履行から生じる一切の紛争を避けるために合意するものであることを根拠として、債務者の免責事由の主張は、予定された賠償額の減額は認められないという見解が支配的でした。

　これに対して、賠償額の予定の合意は、もっぱら損害発生の有無及びその額についての紛争を避けることを目的とするものであって、債務者に帰責事由がない場合にまで責任を負わせる（無過失責任）と解釈することは通常の当事者の意思に反すること等を理由として、債務者に帰責事由がない場合には免責の主張が認められるべきとの批判がされています。

　そのため、債務者による免責を認めない趣旨を含む場合、この点も明確にすることが望まれます。

(4)　債権者に過失があるときの過失相殺

　判例は、賠償額の予定をした場合においても、債務不履行に関して債権者に過失があったときは特段の事情がない限り、裁判所は、損害賠償の責任及びその金額を定めるについて斟酌すべきものとしています。

　しかしながら、賠償額の予定は、一般の債務不履行責任に基づく損害賠償請求における裁判所の認定・評価による賠償額の最終決定という不確定要素を排除するための合意であることを指摘し、債務不履行について債権者側の過失行為が寄与することを理由として、裁判所が過失相

殺として予定賠償額を減額することに批判的な見解もあります。

したがって、債権者の過失相殺を認めないことを内容とする場合には、その旨を明確にすることがよいでしょう。

2　現行民法のもとでの賠償額の予定、違約金

現行民法においては、旧民法420条1項後段が削除されたほか、改正された点はなく、旧民法の規定が維持されています。

(1)　賠償額の予定

現行民法は、賠償額の予定について、従前より、過大な賠償額の予定等がされているときに民法90条に反することから、賠償額の予定の合意が無効とされたり、予定賠償額を減額されていた点を踏まえ、旧民法420条1項後段の文言は、削除されることになりました（一問一答・69〜70頁）。

なお、こうした経緯から分かるように、旧民法420条1項後段の削除により、裁判所が任意に、当事者の合意した予定賠償額の増減をできるようになったということではないとされています。

(2)　違約金と賠償額の予定の関係

違約金は、違約罰と、賠償額の予定の2種類の要素を持つとされています。この点、旧民法420条3項は、違約金の定めを賠償額の予定と推定しています。

したがって、違約金が賠償額の予定ではなく、違約罰としての合意である場合、当事者は、賠償額の予定ではないと主張する必要がありますので、契約書等に違約罰であることが明確になるよう条項を設けることが望ましいといえます。

(3)　宅地建物取引業法における特則

宅地建物取引業法において、宅地建物取引業者が売主となる宅地又は建物の売買契約における当事者の債務不履行を理由とする契約の解除に

伴う損害賠償額の予定や違約金については、両者を合算した額が代金額の20%を超えることはできず、これを超えた部分は無効とされています（宅地建物取引業法39条1項、同条2項）。

◖民　法◗

（賠償額の予定）

第420条　当事者は、債務の不履行について損害賠償の額を予定することができる。

2　賠償額の予定は、履行の請求又は解除権の行使を妨げない。

3　違約金は、賠償額の予定と推定する。

第421条　前条の規定は、当事者が金銭でないものを損害の賠償に充てるべき旨を予定した場合について準用する。

◖宅地建物取引業法◗

（損害賠償額の予定等の制限）

第38条　宅地建物取引業者がみずから売主となる宅地又は建物の売買契約において、当事者の債務の不履行を理由とする契約の解除に伴う損害賠償の額を予定し、又は違約金を定めるときは、これらを合算した額が代金の額の10分の2をこえることとなる定めをしてはならない。

2　前項の規定に反する特約は、代金の額の10分の2をこえる部分について、無効とする。

4　賠償額の予定に関する条項例

旧民法のもとでは、損害賠償について、次のような条項を基本として、個々の契約に適した修正がなされることが通例でした。

現行民法のもとにおいても、旧民法下での条項例を基本形として、個々の契約に適した修正を行うことがよいでしょう。

【旧民法下での条項例1】

当事者が本契約に違反した場合の違約金は、金〇円とする。

【旧民法下での条項例２】

　当事者が本契約に違反した場合の違約金は、金○円とする。

　前項の規定は、違約金を超える損害が発生した場合には、別途その損害賠償請求を妨げない。

【旧民法下での条項例３】

　本契約に違反した当事者は、相手方に対し、損害賠償とは別途、違約金○円を支払う。

　前項の規定は、損害を受けた当事者による損害賠償請求を妨げない。

（大橋美香・朝比奈和茂）

3 解除・危険負担・受領遅滞

① 契約の解除

1 契約の解除

(1) 民法解除原因

旧民法では、債務者の債務不履行についての帰責事由の存在を前提に、解除原因が履行遅滞か履行不能かによって規定を分けていましたが、現行民法は、解除について債務者の債務不履行についての帰責事由の存在を要求していません。催告には、「債務者に履行をする機会を与えて契約関係を維持する利益を保護する」という機能があるため、催告をしても債権者が契約をした目的を達するのに足りる履行を受ける見込みがないことが明らかであるときは、債権者に解除に先立つ催告を要求するのは無意味です。現行民法は、この問題意識から、この解釈を条文上も明確にする趣旨で、催告解除と無催告解除に分類し直しています。

① 催告解除

債務不履行の一般的形態である履行遅滞における催告解除について、基本的に旧民法を維持し、ただし書で債務不履行が軽微な場合の除外規定を置いています。すなわち、債務不履行が契約及び取引の社会通念に照らして軽微であるときは、解除権は行使できません。

これは、債務不履行が数量的にわずかである場合や（大判昭和14年

12月13日判決全集7輯4号10頁）、付随的義務の不履行の場合（土地
売買における固定資産税負担の不履行の事案で解除を認めなかった前掲
昭和36年最判）に、解除権の行使を認めない判例法理を明文化したも
のです（一問一答・236頁）。

◖民　法◗

（催告による解除）

第541条　当事者の一方がその債務を履行しない場合において、相手方
　が相当の期間を定めてその履行の催告をし、その期間内に履行がない
　ときは、相手方は、契約の解除をすることができる。ただし、その期
　間を経過した時における債務の不履行がその契約及び取引上の社会通
　念に照らして軽微であるときは、この限りでない。

---

②　無催告解除

　民法542条1項は、債務者に債務の履行の機会を与えてももはや意味
がない場合に催告なしに解除することが合理的であるという趣旨から、
無催告解除が認められる場合として、以下規定しています（一問一答・
238頁）。

　㋐　債務の全部の履行が不能であるとき（同1号）
　㋑　債務者がその債務の全部の履行を拒絶する意思を明確に表示した
　　とき（同2号）
　㋒　債務の一部の履行が不能である場合又は債務者がその債務の一部
　　の履行を拒絶する意思を明確に表示した場合において、残存する部
　　分のみでは契約をした目的を達することができないとき（同3号）
　㋓　契約の性質又は当事者の意思表示により、特定の日時又は一定の
　　期間内に履行をしなければ契約をした目的を達することができない
　　場合において、債務者が履行をしないでその時期を経過したとき（同
　　4号）
　㋔　債務者がその債務の履行をせず、債権者が前条の催告をしても契
　　約をした目的を達するのに足りる履行がされる見込みがないことが
　　明らかであるとき（同5号）

　㋐及び㋓は、旧民法においても規定されていた内容を引き継いだもの
です。㋑は、確定的履行拒絶として従来、解釈上、無催告解除が認めら
れていた類型（裁判例としては、東京地判昭和34年6月5日判時192
号21頁、最判昭和41年3月22日民集20巻3号468頁）を、民法改正に
より明文化したものです。㋒は、債務の履行の一部不能の場合と債務者
の一部履行の拒絶の場合で、残存部分では契約の目的を達することがで
きないときの全部解除を定めたもので、旧民法において解釈上認められ
ていた類型を明文化したものです。㋓は、定期行為における無催告解除
を維持するものです。㋔は、㋐から㋓に該当する場合のほか、債務の履
行の催告をしても契約の目的を達するのに足りる履行がされる見込みが
ないことが明らかな場合、例えば、不完全な履行がなされ、その追完が
不能であることが明らかな場合などに無催告解除を認めるものです。

　民法542条2項は、債務の一部の履行不能、債務の一部の確定的履行
拒絶について、当該部分についての一部解除を認めるものです。この規
定は、旧民法においては明文規定がなく、民法改正により新設されたも
のです。

◀民　法▶

（催告によらない解除）

第542条　次に掲げる場合には、債権者は、前条の催告をすることなく、
　直ちに契約の解除をすることができる。

一　債務の全部の履行が不能であるとき。

二　債務者がその債務の全部の履行を拒絶する意思を明確に表示した
　とき。

三　債務の一部の履行が不能である場合又は債務者がその債務の一部
　の履行を拒絶する意思を明確に表示した場合において、残存する部
　分のみでは契約をした目的を達することができないとき。

四　契約の性質又は当事者の意思表示により、特定の日時又は一定の
　期間内に履行をしなければ契約をした目的を達することができない
　場合において、債務者が履行をしないでその時期を経過したとき。

五　前各号に掲げる場合のほか、債務者がその債務の履行をせず、債

　　　権者が前条の催告をしても契約をした目的を達するのに足りる履行
　　　がされる見込みがないことが明らかであるとき。
　2　次に掲げる場合には、債権者は、前条の催告をすることなく、直ち
　　に契約の一部の解除をすることができる。
　　一　債務の一部の履行が不能であるとき。
　　二　債務者がその債務の一部の履行を拒絶する意思を明確に表示した
　　　とき。

③　債権者の責めに帰すべき事由による解除権の適用除外

　民法543条は、催告解除及び無催告解除において、解除の要件として
債務者の帰責事由を要件とはしていません。

　なお、旧民法においては、債務者の帰責事由を解除の要件とすること
を原則とし、ただし書で債務者に帰責事由がない場合の除外規定を置い
ていました。しかしながら、債務不履行による解除は、「債権者を契約
の拘束から解放する制度」（中田裕康『契約法』（新版）有斐閣　214頁）
であるところ、債権者に帰責事由がある場合にまで解除を認めることは
公平に反するという趣旨から、民法543条は、帰責事由のある債権者か
らの契約解除を認めない旨を定めています（一問一答・232頁）。

◀┃民　法┃▶

（債権者の責めに帰すべき事由による場合）

　第543条　債務の不履行が債権者の責めに帰すべき事由によるものであ
　　るときは、債権者は、前二条の規定による契約の解除をすることがで
　　きない。

(2)　解除の効果

　民法545条は、解除権が行使された場合の法的効果を規定しています。
第1項においては、当事者の一方が解除権を行使した場合、各当事者は、
相手方を現状に復させる義務を負うと規定されています（545条1項本
文）。ただし、第三者の権利を害することはできません（545条1項但書）。
　第2項においては、第1項の原状回復義務の内容が金銭の返還である

場合、返還義務を負う当事者が金銭を受領した時から利息を付さなければならない旨（545条2項）、第3項においては、原状回復義務の内容が金銭以外の物の返還である場合、受領の時以後に生じた果実をも返還しなければならない旨（545条3項）が規定されています。なお、旧民法には、545条2項に当たる規定は存在しましたが、545条3項すなわち金銭以外の物についての果実返還義務については規定がなく、現行民法において新設されました（一問一答・232頁）。

第4項においては、解除権の行使が損害賠償請求権を妨げない旨規定されています（545条4項）。

そして、546条においては、545条の原状回復義務について、533条が準用されること、すなわち双方の原状回復義務が同時履行関係にあることが規定されています。

◀民 法▶

（解除の効果）

第545条 当事者の一方がその解除権を行使したときは、各当事者は、その相手方を現状に復させる義務を負う。ただし、第三者の権利を害することはできない。

2 前項本文の場合において、金銭を返還するときは、その受領の時から利息を付さなければならない。

3 第一項本文の場合において、金銭以外の物を返還するときは、その受領の時以後に生じた果実をも返還しなければならない。

4 解除権の行使は、損害賠償の請求を妨げない。

（契約の解除と同時履行）

第546条 第533条［編注・同時履行の抗弁］の規定は、前条の場合について準用する。

---

(3) **解除権の消滅**

解除権の消滅事由として、民法547条は、催告による解除権の消滅を規定しています。解除権の行使について期間の定めがないとき、当事者

は、解除権を有する他方当事者に対し、相当の期間を定めてその期間内
に解除するかどうかを確答すべき旨の催告をすることができ、この期間
内に解除の通知を受けないときは、他方当事者の解除権は消滅します
（547条）。547条の趣旨は、解除権の行使期間が定められていない場合、
解除されるか否かが不明であることにより長期間不安定な状態に置かれ
る相手方を保護すべきという点にあります。547条の規定は、解除権の
行使期間が定められている場合には適用されません（中田裕康『契約法』
（新版）有斐閣　242〜243頁）。

　また、民法548条は、解除権者が故意又は過失によって①契約の目的
物を著しく損傷し又は②返還不能となった場合、③加工又は改造によっ
て他の種類の物に変えた場合、解除権は消滅する、と規定しています。
契約の目的物の全部又は一部が引き渡された場合に、受領者が故意又は
過失により目的物を損傷ないし加工等により他の種類の物に変えた場
合、他方当事者の利益の保護ないし当事者間の公平性をはかる趣旨から、
受領者の解除権が消滅するとされています（548条本文）（中田裕康『契
約法』（新版）有斐閣　243頁）。

　なお、旧民法548条では、「解除権を有する者が自己の行為若しくは
過失によって」契約の目的物を著しく損傷等した場合に解除権が消滅す
ると規定されていましたが、要件を明確化するため、現行民法において
は「故意若しくは過失によって」と規定されました。

　ただし、この場合であっても、解除権者が解除権を行使できることを
知らなかったときにまで解除権者の予測に反して解除権が消滅してしま
うことは妥当ではないと解されていました。そこで、現行民法では、旧
民法の規律を基本的に維持しつつ、548条ただし書において、解除権者
が解除権を行使することができることを知らなかったときには解除権は
消滅しない旨を規定しました。548条本文が適用されるのは、解除権者
が解除権の存在を具体的に知っていた場合に限るべきであり、但書は限
定的に解すべきではないとされています（一問一答・232〜233頁）（中
田裕康『契約法』（新版）有斐閣　244頁）。

◀民　法▶

（催告による解除権の消滅）

第547条　解除権の行使について期間の定めがないときは、相手方は、解除権を有する者に対し、相当の期間を定めて、その期間内に解除をするかどうかを確答すべき旨の催告をすることができる。この場合において、その期間内に解除の通知を受けないときは、解除権は、消滅する。

（解除権者の故意による目的物の損傷等による解除権の消滅）

第548条　解除権を有する者が故意若しくは過失によって契約の目的物を著しく損傷し、若しくは返還することができなくなったとき、又は加工若しくは改造によってこれを他の種類の物に変えたときは、解除権は、消滅する。ただし、解除権を有する者がその解除権を有することを知らなかったときは、この限りでない。

（遠藤啓之・寺澤春香）

② 催告解除

1　催告解除

　民法541条は催告解除について「当事者の一方がその債務を履行しない場合において、相手方が相当の期間を定めてその履行の催告をし、その期間内に履行がないときは、相手方は、契約の解除をすることができる。ただし、その期間を経過した時における債務の不履行がその契約及び取引上の社会通念に照らして軽微であるときは、この限りでない」と規定しています。

　ただし書きについては、契約の解除は、債務不履行により契約の目的の達成に支障を来すことになる債権者を救済するためのものであり、債務不履行の程度が軽微である場合や付随的な債務の不履行の場合にまで、契約の解除を認めるのは相当ではないと考えられるからです（一問一答・236頁）。

2　催告解除に関する条項例

　前述したとおり、「債務の不履行がその契約及び取引上の社会通念に照らして軽微であるとき」には契約を解除することができません。そのため、条項を規定するに際しては民法541条ただし書きの規定を念頭に入れる必要があります。

　そもそも契約の解除は債務不履行により契約目的の達成に支障を来す債権者を救済するためのものであることから、債務不履行が軽微であるか否かは、その不履行が債権者に与える不利益や当該契約の目的達成に与える影響が軽微であるか否かが重要な考慮要素になります（実務解説・125頁、一問一答・236頁「（注2）」）。

　不動産売買契約を例にした場合、売買代金の支払い、所有権移転登記

手続の履行、物件の引渡しという本質的な債務に不履行があった場合は、基本的には債務不履行が軽微とはいえません。

これに対し、付随的な債務に不履行があった場合、それが「その契約及び取引上の社会通念に照らして軽微」と判断されるか否かが問題となります。

この点、例えば、建物賃貸借がされている建物の売買契約において、買主が建物賃借人と建物賃貸借契約を承継しないことが条件とされている場合には、既存の建物賃貸借契約の終了と既存の建物賃借人の占有の解消が重要な契約条件になります。そのため、その点に不履行があれば、当該契約の目的達成に与える影響が大きいといえますので、債務不履行が軽微とはいえないと考えられます。

他方、不動産の買主が所有権移転登記手続をするまでの固定資産税を負担するものとされていたにもかかわらず、買主がその義務を履行しなかった場合に、催告解除が認められませんでした（最判昭和36年11月21日民集15巻10号2507頁）。この場合、売主（債権者）としては、固定資産税の支払いを請求すればよく、当該契約の目的達成に与える影響は小さいと考えられるため、軽微な債務不履行として解除権の行使が制限されたものと考えられます。

そのほかにも、次のような場合に催告解除が認められるかどうかが問題となることがあります。

まず、物件引渡時までに履行すべき義務とされていた隣地との境界確定が未了である場合に、不動産売買契約の催告解除が認められるかどうかです。境界確定が未了の場合、そもそも不動産売買契約の締結を見送られる場合もあり、仮に契約自体は締結されていたとしても隣地トラブルの原因になりやすい境界確定が未了な場合、債務不履行責任を追及され、損害賠償責任が認められることからすると、「その契約及び取引上の社会通念に照らして軽微であるとき」とはいえず、解除が認められる可能性があると考えられます。

次に、確定実測図、境界確定書及び境界確定協議書（以下「確定実測図等」といいます。）が交付されない場合に催告解除が認められるかど

うかです。この点に関し、売主の確定実測図等の交付義務が売買契約書
を作成する段階で買主の要望を受けて初めて追加された条項であり、通
常売主負担とされる測量費用等が買主負担とされ、契約書上、確定実測
図等の交付が売買代金の受領と同時履行とされていなかった事案におい
て、東京地裁平成25年6月18日判決（判例時報2206号91頁）は、売買
契約の締結に至る経緯及び売買契約書の文言から確定実測図等の交付義
務と売買代金支払義務を対価的な関係に立つ債務であると評価すること
はできず、同時履行の関係にはないから、売主が確定実測図等を交付し
なかったとしても、買主は売買代金の支払いを拒むことはできず、買主
が代金の支払いを拒んだ場合、売主は契約を解除することができるとし
ました。この裁判例の趣旨を踏まえると、売買契約の締結に至る経緯及
び売買契約書の文言によっては、確定実測図等の交付がなされていない
ことは、「その契約及び取引上の社会通念に照らして軽微であるとき」
として、買主は契約をすることができない場合があると考えられます。
そのため、買主としては、確定実測図等の交付が重要な契約上の要素で
ある場合、解除事由に明記しておくべきであるといえます。

　このように、特に付随的な債務に不履行があった場合に催告解除が認
められるか否かは、「その契約及び取引上の社会通念に照らして軽微」
といえるか否かの問題となることから、契約当事者としては付随的な債
務が重要な契約上の要素であると考える場合には、契約書に解除事由と
して明記しておくのが望ましいといえます。

【条項例】
　買主は、売主が次のいずれかの場合に該当する場合で、期間を定
めて履行を催告したにもかかわらず、債務が履行されないときは、
本契約を解除することができる。
　①　第○条に反して、所有権移転登記手続をしない場合
　②　第○条に反して、本物件を引き渡さない場合
　③　第○条に反して、本物件の隣地との境界を明示しない場合
　④　その他、本契約に違反し、その違反の程度が買主が本契約を

締結した目的に照らし軽微といえない場合

【条項例】では、催告解除をすることができる場合を列挙して、列挙事由が契約当事者にとって重要な要素であることを示し、これらに該当する場合には催告解除ができることを示しています。

民法541条は、ただし書で催告解除の制限を規定しており、要件事実的には、催告解除の有効性を争う側に「債務不履行の程度が軽微であること」の立証責任を負担させていますが、契約条項で催告解除が認められる場合を列挙することで列挙事由にかかる「債務不履行の程度が契約に照らして軽微でないこと」を明らかにし、債務者からの「債務不履行の程度が軽微である」との抗弁を封じる狙いがあります。これにより、債務者は、債務不履行を理由に債権者から催告解除をされた場合に、解除の有効性を争うには、当事者間の契約上の意思について反対の意思であること、すなわち、列挙事由が当事者にとって軽微であることを立証することが必要になり、民法541条ただし書の場合よりも要件事実上の主張立証責任のハードルが上がるものと考えられます。

このように、契約当事者が個々の取引において重要な要素であると考える義務については、その「債務不履行の程度が軽微でないこと」を示すべく、催告解除の事由に列挙して当事者意思を明確に契約書の条文上に規定しておくのが望ましいといえます。

3 催告解除通知の例

最後に、催告解除をするためには、債務不履行をした相手方に催告をし、相当期間の経過後に契約解除の意思表示（民法540条）をする必要がありますから、その通知例を挙げます。

【書　式】

　私は、202×年4月1日、貴殿に対し、後記の土地について代金3,000万円で売り渡す契約を締結し、同年4月15日所有権移転登記手続及び土地建物の引渡しと同時に売買代金全額を受領する約

束になっていました。

　私は右期日に登記手続と引渡しの準備をしていたにもかかわらず、貴殿は売買代金の支払いをなさいませんでした。

　そこで私は、本書面をもって貴殿に対し、右売買代金を4月30日までにお支払いいただくよう催告いたします。万一、貴殿が右期日までにお支払いをなされないときは、同日の経過をもって本売買契約を解除いたします。

記

（土地建物の表示）

　　　所在　　　東京都○○区○○町○丁目

　　　地番　　　○○番地○

　　　地目　　　宅地

　　　地積　　　○○○.○○平方メートル

（遠藤啓之・長谷川伸城）

③ 無催告解除

1 無催告解除

　旧民法では、定期行為及び債務の履行不能について無催告解除を規定していました（旧民法542条及び543条）。民法では、解除原因ではなく、催告解除及び無催告解除と解除の方式によって解除の規定を置いています。

　民法は、無催告解除が認められる場合として、①債務の全部の履行が不能であるとき（民法542条1項1号）、②債務者がその債務の全部の履行を拒絶する意思を明確に表示したとき（同条項2号）、③債務の一部の履行が不能である場合又は債務者がその債務の一部の履行を拒絶する意思を明確に表示した場合において、残存する部分のみでは契約をした目的を達することができないとき（同条項3号）、④契約の性質又は当事者の意思表示により、特定の日時又は一定の期間内に履行をしなければ契約をした目的を達することができない場合において、債務者が履行をしないでその時期を経過したとき（同条項4号）、⑤債務者がその債務の履行をせず、債権者が前条の催告をしても契約をした目的を達するのに足りる履行がされる見込みがないことが明らかであるとき（同条項5号）を挙げています。

　民法では、契約の一部についての無催告解除についても規定しています（民法542条2項）。事業者間において目的物が複数の場合に、契約の一部解除が可能であることが明文上も明らかにされました。

　他方、民法543条は、債務不履行について債権者に帰責事由がある場合、契約の解除をすることができないと規定しています。

　なお、無催告解除特約が付されることがあるが、従前の裁判例において有効とされたものもあり、現行民法下においても有効とされると思わ

れます（中田裕康『契約法（新版）』有斐閣　208頁）。

2　無催告解除に関する条項例

⑴　旧民法の下での条項例

　旧民法の下では、無催告解除に関し、以下のような条項が置かれることが通例でした。

【旧民法下での条項例1】

　本契約締結後、第○条第1項による本件建物の引渡し完了前に、売主又は買主のいずれの故意又は過失によらないで本件建物の全部又は一部が火災、流失、陥没その他の事由により滅失又はき損し、買主が本契約締結の目的を達することができないときは、買主は、直ちに本契約を解除することができる。

【旧民法下での条項例2】

1　本物件の引渡し前に天変地異その他の事由によって本物件がき損したときは、売主は、本物件を修復して買主に引き渡すものとする。

2　売主は、前項の修復が著しく困難なとき、又は過大な費用を要するときは、本契約を解除することができる。

3　買主は、第1項の場合で本物件のき損により本契約締結の目的を達することができないときは、本契約を解除することができる。

　旧民法の下では、【旧民法下での条項例1】のように債務の履行の全部が不能であるときと債務の一部の履行が不能である場合において、残存する部分のみでは契約をした目的を達することができないときを合わせて規定している例が一般的でした。

　また、【旧民法下での条項例2】のように、物件のき損の場合、修復を前提として、それが困難な場合、又は、目的を達することができない場合の売主又は買主の解除権を規定する例もよく見られました。

　旧民法の下でも【旧民法下での条項例1】及び【旧民法下での条項例2】に見られるように、天変地異、火災、流失、陥没その他の事由により物件が滅失し、全部の履行が不能となった場合や、物件がき損し、契約締結の目的を達することができない場合の契約解除について規定するのが一般的でした。現行民法542条1項3号で一部履行不能の場合で残存部分のみの履行では契約目的不達成のときの解除権が明確に定められましたが、実務ではすでに規定がされており、この点では、現行民法によって大きく条項が変更されるということはないでしょう。

⑵　現行民法の下で条項をどのように修正するか

　現行民法では、無催告解除について、5つの類型を規定しましたので、これらを網羅的又は選択的に条項化することが考えられます。

　なお、現行民法では債務者の帰責事由がない場合でも債務不履行に基づく解除ができるため、債務不履行解除に際し帰責事由を必要とすると、債務不履行解除の場面を限定することになります。

【条項例1】

　買主は、次のいずれかに該当する場合、催告を要せずに直ちに本契約を解除することができる。

1　本件建物が火災、流失、陥没その他の事由により滅失した場合

2　売主が買主に対し第○条に定める引渡し期限前に本件建物の引渡しを明確に拒んだ場合

3　本件建物の一部が火災、流失、陥没その他の事由によりき損し、買主が本契約締結の目的を達することができない場合

【条項例2】

　買主は、売主が天変地異、火災、流失、陥没その他の事由により本契約の目的物の一部について履行ができなくなったとき、又は目的物の一部の引渡しを拒絶した場合、当該部分について契約を解除することができる。

【条項例3】

　本契約は、不可分であり、売主が天変地異、火災、流失、陥没その他の事由により本契約の目的物の一部について履行ができなくなったときは、買主は、本契約すべてを解除することができる。

　【条項例1】では、売主が物件の引渡しを明確に拒んだ場合も買主の解除権を定める条項に規定しています。

　【条項例2】では、事業者間で見受けられる目的物が複数である不動産売買契約において、一部が履行不能又は履行拒絶された場合に、当該部分について契約を解除することができる旨を明示しています。

　【条項例3】では、目的物が複数の場合で、契約の性質上、一部履行不能になった場合、直ちに契約の目的を達成することができない場合の買主の解除権を規定しています。

3　現行民法による条項変更

　現行民法によって、無催告解除についてのこれまでの不動産取引実務が明文上も根拠を有することになりました。条項自体に大きな変更をもたらすことはそれほどないと考えられますが、一部滅失、き損の場合で残存部分のみの履行では契約締結目的を達成できない場合や、目的物が複数の場合の一部解除について明文上の根拠を有することになったことで、より一般化するものと思われます。なお、民法によって一部解除ができる旨が明文で規定されていますので、目的物が複数の場合であっても、大規模土地開発、大規模建築物の敷地売買契約など性質上不可分で契約の一部解除では契約目的を達成することができない場合には、明確に契約書上一部解除をすることができない旨、あるいは一部履行不能により契約目的不達成による全部解除が可能である旨を規定する必要があります。

4　無催告解除の通知例

　最後に、無催告解除の通知例を挙げます。この通知例も、旧民法下の

ものと大きく異なるものではありません。

　私は、202×年4月1日、貴殿との間で、下記土地建物（以下「本件土地」、「本件建物」といいます。）を金3,000万円で購入する旨の売買契約（以下「本件売買契約」といいます。）を締結しました。ところが、同年4月10日に発生した大地震により、本件建物は全壊し、本件土地の一部が陥没していることが判明しました。

　これでは、私が本件売買契約を締結した目的が達成されないことになります。

　よって、私は、本件売買契約書第○条に基づき、本書面をもって本件売買契約を解除いたします。

記

（土地の表示）

所在	東京都○○区○○町○丁目
地番	○○番地○
地目	宅地
地積	○○○.○○平方メートル

（建物の表示）

所在	東京都○○区○○町○丁目
建物番号	○○番地○
種類	居宅
構造	木造スレート葺1階建
床面積	○○.○○平方メートル

（遠藤啓之・濱田祥雄・栗山明久）

④　危険負担

1　危険負担の意義

　旧民法のもとでは、契約成立後に目的物が滅失・損傷し、その引渡債務が履行できなくなった場合（これを「履行不能」といいます。）、履行不能について債務者に何らかの落ち度（旧民法415条後段の「責めに帰すべき事由」がそれに当たります。）があれば、債務不履行となり、債権者は債務者に対し損害賠償請求権を取得します。

　例えば、建物の売買契約の締結後、その引渡し前に建物が火事で滅失した場合、売主の建物引渡債務は履行不能となりますが、この場合、履行不能について債務者である売主に「責めに帰すべき事由」があれば、買主は履行に代わる損害賠償（填補賠償）請求権（旧民法415条後段）を取得することになります。この場合、買主の代金支払債務は、売主の損害賠償債務とともに存続しますから、買主は売買契約を解除しなければ、売買契約の拘束力から解放されず、引き続き代金支払義務が存続することになります（第Ⅰ章❸①参照）。

　これに対し、上記と同じケースにおいて、債務者の「責めに帰すべき事由」がなかった場合、売主の目的物引渡債務は履行不能となり消滅し民法ますが、反対債務である買主の代金支払債務はどうなるのでしょうか。これは、目的物の滅失・損傷の危険を債権者と債務者のいずれが負担するか、という問題なので、「危険負担」の問題と呼ばれます。

2　旧民法の立場

　例えば、売主買主ともに責めに帰すべき事由がなく売主の目的物引渡債務が消滅した場合、債務者である買主の代金支払債務も消滅すれば公平にかなう結果となります。この考え方は、目的物の滅失・損傷の危

険を、代金を回収できないという意味で、債務者（ここでは、債権者か債務者かは、目的物が滅失して履行が不能となった目的物引渡債務を基準に考えます。）である売主が負担するといえるので「債務者主義」といいます。

これに対し、例えば、売主買主ともに責めに帰すべき事由がなく売主の目的物引渡債務が消滅しても、買主の代金支払債務は消滅しないという考え方によると、目的物引渡請求権の債権者である買主が、目的物を手に入れることができないのに代金を支払う、という意味で危険を負担することになりますから、このような考え方を「債権者主義」といいます。

旧民法536条1項は、「前2条の場合を除くほか、両当事者の責めに帰することができない事由により目的物が滅失・損傷したときは、債務者は反対給付を受ける権利を失う」と定め、債務者主義を原則としています。ところが、旧民法534条1項は「特定物の物権の設定又は移転を双務契約の目的とした場合」に、目的物の滅失・損傷の危険を債権者に負わせています（債権者主義）。所有権が売買契約時に債権者である買主に移転する（旧民法176条参照）ことから、債権者主義を採用したと考えられますが、同条が定める債権者主義が売買契約などに広く適用される結果になってしまいます。もっとも、債権者主義では、債権者は目的物を手に入れることができないのに、代金を支払わなければならないということとなり、なんとも不公平感が否めません。

そこで、通説的見解は、債権者主義には合理的な根拠がなく、債権者民法主義を正当化するには、売買によって買主は目的物を自己の支配内に収めるから危険を負担するに至るというほかない、と説明し、買主が目的物の引渡しや登記の具備・代金の支払いなどを完了して「目的物を自己の支配内に収めた」といえるようになって初めて危険が買主に移転すると解しました。このように、通説的見解は債権者主義の適用範囲をできるだけ制限しようとしましたが、判例は条文通り、特約がない限り、売買契約などが成立した時点で債権者主義を広く適用する姿勢を変えていません。

3 現行民法のもとでの危険負担

(1) 旧民法534条の削除

　以上の議論を踏まえ、現行民法は、まず、評判の悪かった旧民法534条を削除しました。これにより、契約成立と同時に危険が債権者に移転する、という事態はなくなることになります。

(2) 債務の当然消滅構成から履行拒絶権構成へ

　従来、目的物が滅失した場合、引渡債務の履行不能についての法的責任の分水嶺は、「責めに帰すべき事由」の有無にありました。責めに帰すべき事由がある場合には債務不履行責任とし、その効果として解除の問題に、責めに帰すべき事由がない場合には危険負担の問題としていました。しかし、民法が契約の解除の要件として「責めに帰すべき事由」を要求しない立場を採用した（本書第Ⅰ章❸①）ため、この棲み分けはできなくなってしまいました。法改正の議論の過程では、危険負担制度そのものを廃止し、解除制度に一本化する案も審議されましたが、結局、危険負担制度は存置されることになりました。ただ、債務者の責めに帰すべき事由がなくても、契約を解除できることから、双務契約において責めに帰すべき事由によらない不能が生じた場合、解除も可能であり、危険負担の対象ともなる、という重複が生じ、制度間の不整合が生じることとなってしまいます。

　そこで、現行民法536条1項は、「当事者双方の責めに帰することがで民法きない事由によって債務を履行することができなくなったときは、債権者は、反対給付の履行を拒むことができる。」と定め、危険負担について履行拒絶権構成を採用しました。これにより、目的物の引渡請求権が債務者の責めに帰すべき事由がないのに不能となった場合には、旧民法のように、反対給付である債権者の代金支払請求権が当然に消滅することはなくなり、ただ債権者が代金支払請求権を行使してきたときに対し、これを拒絶することができるようになりました。債権者がこの履行拒絶権を主張すると、永久的な抗弁として機能し請求棄却とな

ります。これは同時履行の抗弁（民法533条）権を主張した場合に引換給付判決がされるのと異なります。危険負担が、債務者の債務が履行不能となっている場合の制度である以上、不能な債務の履行と引換えということにはならないためです。なお、債権者がすでに反対給付を履行していた場合には不当利得として給付したものの返還請求をすることができます。

　また、民法536条2項は、債権者の責めに帰すべき事由によって債務を履行することができなくなったときは、債権者は、反対給付の履行を拒むことができないという規定を置きました。これは、債権者に責めに帰すべき事由があるときには債権者は契約の解除をすることができない、という民法543条とのバランスをとった規定ですが、現行法と異なり、債務の当然消滅構成から履行拒絶権構成に改めた点は旧民法536条1項の場合と同様です。

┤**民　法**├

（債務者の危険負担等）

第536条　当事者双方の責めに帰することができない事由によって債務履行することができなくなったときは、債権者は、反対給付の履行を拒むことができる。

2　債権者の責めに帰すべき事由によって債務を履行することができなくなったときは、債権者は、反対給付の履行を拒むことができない。この場合において、債務者は、自己の債務を免れたことによって利益を得たときは、これを債権者に償還しなければならない。

(3) 売買目的物の滅失・損傷に関する危険の移転

　さらに民法は、売買の箇所に、売買目的物の滅失・損傷について、民法民法危険の移転時期に関する規定を設けました。すなわち、現行民法567条1項は、危険の移転時期を所有権の移転時期ではなく、目的物の引渡時としました。現行法のもとで有力であり、不動産実務においても、これと同じ趣旨の特約を締結する運用が定着している説を採用したといえます。

〔民　法〕

（目的物の滅失等についての危険の移転）

第567条　売主が買主に目的物（売買の目的として特定したものに限る。以下この条において同じ。）を引き渡した場合において、その引渡しがあった時以後にその目的物が当事者双方の責めに帰することができない事由によって滅失し、又は損傷したときは、買主は、その滅失又は損傷を理由として、履行の追完の請求、代金の減額の請求、損害賠償の請求及び契約の解除をすることができない。この場合において、買主は、代金の支払を拒むことができない。

2　売主が契約の内容に適合する目的物をもって、その引渡しの債務の履行を提供したにもかかわらず、買主がその履行を受けることを拒み、又は受けることができない場合において、その履行の提供があった時以後に当事者双方の責めに帰することができない事由によってその目的物が滅失し、又は損傷したときも、前項と同様とする。

　上記のように、民法における定め方としては、滅失時における買主が有する担保責任の追求権を制限する内容で規定されています。

　もっとも、「引渡しがあった時」の定義について、実務においては、所有権を移転する物件の種類によって、現実の引渡し時（物件の鍵の交付時）・登記の移転時・代金の支払いの完了時などを基準時にする特約を設けることもあります。

　また、民法567条2項では、買主が受領遅滞（民法413条、同413条の2第2項（本書第Ⅰ章❸⑤）参照）に陥っている場合であって、その後当事者の責めに帰することができない事由によって目的物が滅失又は損傷し、売主の債務の履行が不能になったときには、当事者の債務の存続上の公平の観点から、買主は、滅失又は損傷を理由とする担保責任の追及をすることができず、代金の支払いも拒むことができないとしています（民法567条2項）。

4 現行民法のもとでの書式例

　現行民法のもとでは、危険負担の効果は、反対債務が当然に消滅するのではなく、当事者が相手方に対し履行拒絶の意思表示をすることによってはじめてその効果が生じます。そこで、危険負担を理由に反対債務の履行を拒絶しようとする者は、相手方に対し以下のような通知をする必要があります。

【書式例】危険負担を理由とする反対債務履行拒絶の意思表示

　本件物件が令和○年○月○日、滅失しました。そこで、私は、貴殿からの令和○年○月○日付け売買契約に基づく代金支払請求に対し、代金の支払いを拒絶することを、本書面をもって通知します。

---

5 危険負担に関する条項例

(1) 旧民法の下での条項例

　旧民法の下では、危険負担に関し、以下のような条項が置かれることが通例でした。

【旧条項例1】

1　本件物件の引渡し前に生じた本件物件の滅失・毀損その他一切の損害については、売主が負担する。

【旧条項例2】

1　本件物件の引渡し前に、天災地変その他売主又は買主のいずれの責めに帰することができない事由によって本件物件が滅失した民法きは、買主は本契約を解除することができる。

2　本件物件の引渡し前に、前項に定める事由によって、本件物件が損傷したときは、売主は本件物件を修復して買主に引き渡す。

3　売主は、前項に定める修復が著しく困難なとき、又は過大な費

　　用を要するときは、本契約を解除することができるものとし、買
　　主は、本件物件の損傷により本契約の目的が達せられないときは、
　　本契約を解除できるものとする。
　４　第１項又は前項によって本契約が解除された場合、売主は買主
　　に対し、受領済みの金員を無利息で遅滞なく返還する。

　【旧条項例１】では、旧民法のもとでは特定物売買については旧民法
534条が適用されることから、それを排除するため、目的物の引渡しに
よって危険が売主から買主に移転することを明確にしています。

　他方、【旧条項例２】は、目的物の引渡し前に両当事者の責めに帰す
ることができない事由によって目的物が滅失した場合、または目的物が
損傷したがそれでは契約の目的を達成できない場合には買主が契約を解
除することができる旨を明文で定めています。旧民法のもとで、現行民
法の趣旨を取り入れた解決といえます。

⑵　現行民法のもとで条項をどのように修正するか

　まず、【旧条項例１】を基本に、民法567条１項の趣旨をそのまま反
映させると、【条項例１】のようになります。

　【条項例１】
　１　本件物件の引渡し前に生じた本件物件の滅失・毀損その他一
　　切の損害については、買主の責めに帰すべきものを除き売主が負
　　担する。
　２　本件物件の引渡し後に生じた本件物件の滅失・毀損その他一
　　切の損害については、売主の責めに帰すべきものを除き買主が負
　　民法担する。

　なお、「引渡し」の意義については、より具体的に、「所有権登記の移
転登記時」や「鍵の引渡し時」などケースに応じて具体的に定める方法
もあります。

次に、現行民法のもとでは、債務者の責めに帰すべき事由がない場合でも契約の解除をすることができますから、そのことを条項で明確に定める方法もあり得ます[1]。

【条項例2】

　本件物件の引渡し前に本件物件が滅失した場合には、売主は危険を負担し、買主は契約を解除できる。

また、【旧条項例2】は前述のとおり、現行民法下でも同様の考え方が採られているため、これを修正することなく、そのまま使用することが考えられます[2]。

ところで、民法536条1項は、履行拒絶権構成を採用しましたので、【条項例1】の「売主が負担する」という部分は、売主が代金の支払いを請求した場合、買主がその支払いを拒絶できる、ということを意味します。しかし、履行拒絶権構成には、履行拒絶権がいつまで存続するか等、解釈論上、残された問題もあります。そこで、事情によっては、旧民法下のように、反対債務が当然に消滅したほうがよいと当事者が考えることもあるでしょう。危険負担に関する条項は任意規定ですから、民法と異なる規律を契約で定めることも可能です[3]。そこで、反対債務の当然消滅を内容とする【条項例3】のような条項を置くことも考えられます。

【条項例3】

　本件物件の引渡し前に本件物件が滅失した場合には、売主は買主に対し、代金の支払いを請求できない。

---

[1]　遠藤元一「危険負担・不可抗力条項、責任制限特約、相殺特約をどのように修正するか」ビジネス法務2016年3月号115頁。

[2]　遠藤元一・前掲115頁。

[3]　山田創一「危険負担に関する債権法改正の考察」日本不動産学会誌30巻1号53頁。

6 「滅失」の意義について

　「滅失」の議論の中心は民法611条における「賃借物の一部が滅失その他の事由により使用及び収益をすることができなくなった場合」という規定の解釈（本書第Ⅱ章❼⑤）に譲りますが、危険負担においても同様の議論があります。

　それは、危険負担が適用されるか否かの要件としての、「滅失」の要件です。

　旧民法のもとで、「滅失」は物理的滅失よりも広く解釈されています。具体的には賃貸借に供された建物が焼損した事案で「家屋が火災により滅失したか否かは家屋の主要な部分が焼失して、全体としてその効用を失い、賃貸借の趣旨が達成されない程度に達したか否かによって決めるべきであり、それには消失した部分の修復が通常の費用では不可能と認められるかどうかも斟酌されるべき」[4]と判示されました。修復が可能な場合でも修繕費用が「通常でない」場合は、「滅失」判断がありえます[5]。これは賃貸借契約が終了するか否かの場合の議論ですが、危険負担の場合も同じように考えていいでしょう。

　現行民法の下でも、基本的には上記の考え方が妥当であり、法制審議会では、滅失との定義規定を条文化することも議論されましたが、直接定義条項が定められることは見送られています。

　実務的な手続きとしては、まず、罹災証明（災害対策基本法に基づく災害による被害の程度について証明する書類）を不動産が所在する所轄の消防署（火事の場合）や市区町村の窓口で取得します。

　そして、罹災証明書の記載内容に基づいて「滅失」か否かを判断することになります。

　基本的には、建物の項目について、「全壊」と判断された場合には争

---

[4]　最判昭和42年6月22日民集21巻6号1468頁。
[5]　阪神淡路大震災事案の下級審判例である大阪高判平成9年1月29日判時1593号70頁なども参考になる。

いにはならないことが多いですが「半壊」や「一部滅失」の場合には修繕をするのにどのくらい費用がかかるかが「滅失」と評価できるか否かを決める重要な要素となります。この基準については、内閣府の「防災情報のページ　みんなで減災」が参考になります（https://www.bousai.go.jp/kyoiku/keigen/gensai/gensai.html）。ここでは、災害の場合の被害認定の基準や運用指針が公開されています。

（稲村晃伸・藤間崇史）

5　受領遅滞

1　受領遅滞の意義

　受領遅滞とは、債務の履行につき、受領その他債権者の協力を要する場合に、債務者が債務の本旨に従った履行の提供をしたにも関わらず、債権者が必要な協力をしないため履行遅延の状態にあることをいいます。債務者が履行（弁済）の提供をしたのに、債権者がこれを受領しない場合には、債務者は自らの債務不履行責任を免れますが（旧民法492条）、そのほかに、債権者は「遅滞の責任を負う」という規定が旧民法413条に置かれていました。

　もっとも、旧民法413条にいう「遅滞の責任」とは何かが法文上明らかでなく、その意義をめぐって見解の対立がありましたが、現行民法は、旧民法の下での判例（最判昭和40年12月3日）及び一般的な解釈論をふまえて、受領遅滞の効果として、次の3つの効果を明文化しました。

　具体的には、ⓐ注意義務の軽減（現行民法413条1項）、ⓑ増加費用の請求（現行民法413条2項）、ⓒ受領遅滞中に債務者の責めに帰することができない事由により生じた履行不能は債権者の責めに帰すべき事由によるものとみなす（現行民法413条の2第2項）、と規定しました（一問一答・73頁）。

◖民　法▶

（受領遅滞）

第413条　債権者が債務の履行を受けることを拒み、又は受けることができない場合において、その債務の目的が特定物の引渡しであるときは、債務者は、履行の提供をした時からその引渡しをするまで、自己の財産に対するのと同一の注意をもって、その物を保存すれば足りる。

　2　債権者が債務の履行を受けることを拒み、又は受けることができな

いことによって、その履行の費用が増加したときは、その増加額は、債権者の負担とする。

（履行遅滞中又は受領遅滞中の履行不能と帰責事由）

第413条の２　（省　略）

2　債権者が債務の履行を受けることを拒み、又は受けることができない場合において、履行の提供があった時以後に当事者双方の責めに帰することができない事由によってその債務の履行が不能となったときは、その履行の不能は、債権者の責めに帰すべき事由によるものとみなす。

2　現行民法567条2項

　現行民法567条２項は、売買契約の売主が買主に対し契約の内容に適合する物（売買の目的として特定したものに限る。以下この条において同じ。）の引渡しを提供したにも関わらず、買主がその受領を拒んだ場合に、当事者双方の責めに帰することができない事由で目的物が滅失・損傷したときは、受領を拒絶した買主は、売主に対する契約不適合責任を追及することができず、かつ、売主に対し代金を支払わなければならない、という定めを置きました（一問一答・287頁）。これは、現行民法413条の２第２項と同様の趣旨の規定といえます。

◀**民　法**▶

（目的物の滅失等についての危険の移転）

第567条　（省　略）

2　売主が契約の内容に適合する目的物をもって、その引渡しの債務の履行を提供したにもかかわらず、買主がその履行を受けることを拒み、又は受けることができない場合において、その履行の提供があった時以後に当事者双方の責めに帰することができない事由によってその目的物が滅失し、又は損傷したときも、前項と同様とする。

3　現行民法のもとでの条項例

　現行民法の規定は、旧民法下での通説的見解を明文化したものですから、これにより従来の実務の運用が大きく変わるということもありません。ただ、当事者間の法律関係を明確にするために、以下のような条項を契約書に置く意味があると思われます。

> 【条項例】
> 　売主が買主に対し、契約の内容に適合する目的物をもって、その引渡しの債務の履行を提供したにも関わらず、買主がその履行の受領を拒んだときは、履行の提供以後に生じた目的物の滅失又は損傷は、買主の責めに帰すべき事由によるものとみなし、買主は売主に対し代金を支払わなければならない。

（稲村晃伸・五十嵐麻由）

❹

売主の契約内容不適合責任

1　契約内容に適合しないことの例

1　契約内容に適合しない給付の具体例と買主の権利

　売買契約の売主は、物の種類・品質・数量に関して契約の内容に適合した物を買主に給付するべき義務を負っており（民法562条1項）、売買契約の目的となる不動産に欠陥や傷、数量不足等がある場合、買主は、売主に対し、目的物の修補や不足分の引渡し、損害賠償等を請求することができます。

　例えば、ある宅地を50坪あることを売主が契約の際に表示・表明し、かつ、この数量を基礎として代金額を6,000万円として契約したにも関わらず、実際には45坪しかなかった場合であって、売主が上記不足分の追完を行うことができない場合には、買主は売主に対し、追完の催告をすることなく、その不足部分5坪相当の減額請求等をすることが可能です（民法563条2項第1号）。

　また、商業地の土地を、買主が商業用ビル建築のため購入したところ、土壌汚染が契約後に初めて発覚し、その除去費用に莫大な費用を要することとなった場合であって、上記の「品質」が契約の内容に適合しないものといえる場合、買主は売主に対して、その除去費用相当額を損害賠償として請求することができます（民法415条、同564条）。

91

2　現行民法のもとでの「契約内容不適合」責任の法的性質

⑴　法定責任から債務不履行責任へ

　旧民法では、売買の目的物に瑕疵（キズ、不具合等）が存在した場合の売主の瑕疵担保責任に関する規定が存在しており、「法定責任説」と呼ばれる従来の通説的見解は、これを特定物の売買を想定した特定物売買に関する法定の責任であって、特定物売買の買主は、原則として追完請求権や代金減額請求権を有しないものと解釈されていました。

　これに対して、現行民法では、契約当事者の意思、契約の目的等がより重視されており、売買契約の売主が、契約の内容に適合した目的物等を買主に給付しなかった場合、売主は、債務不履行責任を負うものとして整理されております。

　そのため、売買契約の売主は、目的物が特定物（すなわち、先ほど例に挙げた宅地や商業地の土地のように、具体的な取引に際して、当事者がその物の個性に着目して指定した物）であっても、不特定物（すなわち、新品の自動車のように、メーカーの品番等で品質が指定された物）であっても、その目的物の品質等が契約内容に適合しない場合、契約内容に不適合が生じた場合の責任を負うことになります。したがって、旧民法下の瑕疵担保責任に関する法定責任説の考え方は採用されていません。

　その結果、現行民法によるルールの下では、特定物売買であっても、目的物が契約の内容と適合していなければ、買主には、追完請求権（民法562条）や代金減額請求権（民法563条）が認められることとなったものです。

⑵　「契約内容不適合」の概念について

　現行民法では、旧民法の規定にいう「瑕疵」の概念に代わり、「契約内容不適合」という概念を用いて、売買の目的物に不具合等があった場合の売主の責任に関する規定が整理・明確化されています。

　旧民法下では、そもそも「瑕疵」とはどのようなものを指すかについ

ても議論がありました。従来の通説的見解によると、「瑕疵」とは、売買の目的物とされたものが通常有すべき品質を備えていないことを指すものとされていました。これに対して、現行民法では、判例等の解釈を踏まえ、旧民法における「瑕疵」という要件について、契約当事者の合意した性能を有していない場合には担保責任の対象となりうることを明確にするため、契約内容不適合という要件が用いられることになりました（一問一答・275頁）。

　この点、旧民法下における最判平成22年6月1日民集64巻4号953頁は、売買された土地の土壌汚染が発覚した事例において、まず、当事者の想定した売買目的物の性能を分析・認定したうえで、旧民法にいう「瑕疵」の有無を判断していたところですが、現行民法においても、契約当事者の意思、契約の目的等を踏まえた上で、「契約内容不適合」の有無の判断がなされることになるものと思われます。

⑶　「隠れた」という要件の削除

　旧民法570条は、「隠れた」瑕疵ある物を履行した場合について規定していました。そして、この「隠れた」という要件は、契約するにあたっての買主側の善意無過失（瑕疵を認識することができたかどうか）と解釈されていました。しかし、現行民法では、売主の担保責任の適用されるかどうかについて、瑕疵の有無ではなく契約内容に適合しているかどうかで判断されることとなります。そして、この契約内容がどのようなものであったかの判断に際し、買主側が契約の対象物をどのようなものと捉えていたか、ということは重要な判断要素となると考えられています。そのため、あえて、「隠れた」という独自の要件は設けられておらず、契約内容不適合の判断のなかで、考慮されていくこととなります。

◀民　法▶

（権利移転の対抗要件に係る売主の義務）

第560条　売主は、買主に対し、登記、登録その他の売買の目的である権利の移転についての対抗要件を備えさせる義務を負う。

（他人の権利の売買における売主の義務）

第561条　他人の権利（権利の一部が他人に属する場合におけるその権利の一部を含む。）を売買の目的としたときは、売主は、その権利を取得して買主に移転する義務を負う。

(4)　買主の追完請求権、代金減額請求権、損害賠償請求権

　民法は、契約不適合が買主の責めに帰すべき事由によるものでない限り、買主は、追完請求（目的物の修補、代替物の引渡し等）や代金減額請求等をすることができるよう、法律に明文の規定を置いています。

　また、損害賠償請求の範囲については、売主が契約内容に適合した物を引き渡すことができていないことから、一種の債務不履行となるため、損害賠償の範囲は、債務不履行の一般規定の定めによるところに従い、履行利益にまで及ぶことを明記しています。

　他方、契約内容不適合が「買主の責めに帰すべき事由による」場合にまで売主に責任を負わすのは、契約責任の見地からして妥当とはいえません。そこで、かかる場合には、追完請求等はできないと規定されています。このような規定の仕方は、危険負担に関する規定、解除に関する規定と同様です。

◀**民　法**▶

（買主の追完請求権）

第562条　引き渡された目的物が種類、品質又は数量に関して契約の内容に適合しないものであるときは、買主は、売主に対し、目的物の修補、代替物の引渡し又は不足分の引渡しによる履行の追完を請求することができる。ただし、売主は、買主に不相当な負担を課するものでないときは、買主が請求した方法と異なる方法による履行の追完をすることができる。

2　前項の不適合が買主の責めに帰すべき事由によるものであるときは、買主は、同項の規定による履行の追完の請求をすることができない。

（買主の代金減額請求権）

第563条　前条第1項本文に規定する場合において、買主が相当の期間を定めて履行の追完の催告をし、その期間内に履行の追完がないときは、買主は、その不適合の程度に応じて代金の減額を請求することができる。

2　前項の規定にかかわらず、次に掲げる場合には、買主は、同項の催告をすることなく、直ちに代金の減額を請求することができる。

一　履行の追完が不能であるとき。

二　売主が履行の追完を拒絶する意思を明確に表示したとき。

三　契約の性質又は当事者の意思表示により、特定の日時又は一定の期間内に履行をしなければ契約をした目的を達することができない場合において、売主が履行の追完をしないでその時期を経過したとき。

四　前3号に掲げる場合のほか、買主が前項の催告をしても履行の追完を受ける見込みがないことが明らかであるとき。

3　第1項の不適合が買主の責めに帰すべき事由によるものであるときは、買主は、前2項の規定による代金の減額の請求をすることができない。

（買主の損害賠償請求及び解除権の行使）

第564条　前2条の規定は、第415条の規定による損害賠償の請求並びに第541条及び第542条の規定による解除権の行使を妨げない。

3　契約内容不適合に関する条項例

　前述のとおり、現行民法では、契約の内容に適合した目的物等を買主に給付しなかった場合には、売主が債務不履行責任を負うものとして整理されていますが、旧民法の時代には、法定責任説の考え方に基づき、売買に関するルールが定められていました。

　そこで、契約の内容に関する不適合が生じた場合に適用されるルールが不明瞭とならないようにするため、以下のとおり、民法に規定されて

いる追完請求権等を、契約書の条項でも明確に謳っておくという方法が考えられます。

【条項例】

1　買主は、本物件に本契約の内容に適合しない個所がある場合には、売主に対し、本物件の修補（代替物の引渡し又は不足分の引渡しによる履行の追完を含む。）を請求することができる。ただし、売主は、買主に不相当な負担を課するものでないときは、買主が請求した方法と異なる方法による履行の追完をすることを妨げない。

2　前項に規定する場合において、買主が相当の期間を定めて履行の追完の催告をし、その期間内に履行の追完がないときは、買主は、その不適合の程度に応じて代金の減額を請求することができる。

3　前項の定めにかかわらず、次に掲げる場合には、買主は、同項の催告をすることなく、直ちに代金の減額を請求することができる。

　一　履行の追完が不能であるとき。

　二　売主が履行の追完を拒絶する意思を明確に表示したとき。

　三　契約の性質又は当事者の意思表示により、特定の日時又は一定の期間内に履行をしなければ契約をした目的を達することができない場合において、売主が履行の追完をしないでその時期を経過したとき。

　四　前3号に掲げる場合のほか、買主が前項の催告をしても履行の追完を受ける見込みがないことが明らかであるとき。

4　本条第1項に規定する場合において、本契約を締結した目的を達することができない場合には、買主は売主に対し、本契約を解除することができる。

5　本条第1項に規定する場合において、当該不適合が買主の責めに帰すべき事由によるものであるときは、買主は売主に対し、本

条に定める履行の追完請求、代金の減額の請求、及び解除の意思表示をすることができない。

6　本条各項の定めに関わらず、本条第1項の不適合が売主の責めに帰すべき事由によるものであるときは、買主は売主に対し、第○条に定める損害賠償の請求をすることができる。

7　買主が売主に対し、本条による契約解除、履行の追完請求、代金の減額の請求、損害賠償の請求をする場合には、買主が本物件に契約内容に適合しない部分があることを知った日から1年以内に通知しなければならない。ただし、売主が引渡しの時に目的物が契約の内容に適合しないものであることを知っていたとき、又は知らなかったことにつき重大な過失がある場合にはこの限りでない。

（横山宗祐・寺﨑裕史）

② 売主の担保責任

1　はじめに

　売買契約が締結されると、売主は、ある財産権を買主に移転する義務が生じ、買主はこれに対してその代金を支払う義務が生じます（民法555条）。売買契約の目的物が不動産であれば、売主は、目的物たる不動産を買主に引き渡す義務が生じます。民法上、売主は、買主に対し、売買の目的である権利の移転についての対抗要件を備えさせる義務があることも明文化されています（民法560条）。

　それでは、売買契約において目的物が一定の品質を有するものであることが要求されていたのにも関わらず、引き渡された目的物が契約で要求された品質に満たなかった場合は、どのように考えるべきでしょうか。

　買主としては、契約で要求された品質を考慮して売買代金額を決定しているのですから、引き渡された目的物が所定の品質を満たしていない場合、買主が支払う代金と目的物の価値との釣合いが取れていません。

　買主は、契約で要求された品質について売主が責任を負う（担保する）ことや、目的物の価値や予定された使用への適性を損なうような物理的又は法的な不具合がないことについて売主が責任を負う（担保する）ことを法律で定めて欲しいと考えるでしょう。

　このようにして法律によって定められた売主の責任のことを、売主の担保責任といいます。

　以下では、「売買」に関する売主の担保責任について解説します。

　なお、不動産の取引では、建物に関して建築の「請負」が問題になりますが、請負はここでは扱いません。

2　売主の担保責任に関する民法の規定の概要

(1)　契約の内容に適合しないものであるとき

　民法上、物を目的とする売買に関しては「引き渡された目的物が種類、品質又は数量に関して契約の内容に適合しないものであるとき」に売主の担保責任が生じるものと規定され（民法562条1項）、権利を目的とする売買に関しては「移転した権利が契約の内容に適合しないものである場合（権利の一部が他人に属する場合においてその権利の一部を移転しないときを含む。）」に売主の担保責任が生じるものと規定されています（同565条）。

　現行民法では、売主の担保責任を、契約で定めた内容の目的物を引き渡さなかったという債務不履行責任であると位置付けていますが、このことが上記の文言上にも表れています。

　旧民法の規定に言う「瑕疵」という用語から変わっているのですが、この「瑕疵」という用語の意義については、具体的な契約を離れて抽象的に捉えるのではなく、契約当事者の合意、契約の趣旨に照らし、通常又は特別に予定されていた品質・性能を欠く場合をいうことで、ほぼ異論がない状態になっていたものと指摘されていました。

　すなわち、旧民法下においても、売買契約の当事者は、①一般に、給付された目的物が、その種類のものとして通常有すべき品質・性能を有することを合意し、また、②ある品質・性能を有することが特別に予定されていた場合には、そのように特別に予定されていた品質・性能を有することを合意しているといえ、これらの合意に基づき通常又は特別に予定されていた品質・性能を欠くことが瑕疵と捉えられるとされ（榎本光宏「判解」最判解民事篇平成22年度（上）348頁）、契約の内容から考えて目的物がそれに適合しているか否かという観点から、瑕疵の有無が判断されていました。

　そのため、現行民法の規定は、旧民法にいう「瑕疵」の中身を改めたわけではなく、「瑕疵」という用語をわかりやすく明文化したにすぎないということになります。

　こうした趣旨を踏まえると、売買契約書においては、「契約の内容」として目的物が有すべき品質を明確にしておかないと、買主は目的物が有すべき品質を満たしていないと主張したくても、売主から「目的物がそのような品質を有することは契約の内容になっていない」と言われてしまう恐れがあります。他方で、引き渡した目的物が契約で要求された品質をすべて満たしているのに、買主が売主に対して「実はこれも契約の内容として目的物が満たすべき品質であった」と主張してくる恐れもあります。

　このように、契約不適合責任との関係では、「契約の内容」を明確化しないことによるリスクがあるわけです。後日の紛争を防止する観点から、目的物の品質等の「契約の内容」は、なるべく明確にすることが望ましいといえます。

(2)　担保責任の内容

　民法では、売主の担保責任として、買主が履行の追完請求（修補請求、代替物の引渡請求、不足分の引渡請求）が可能であることが明文で規定されています（民法562条）。さらに代金減額請求が可能であることも規定されています（同563条）。そのうえで、一般の債務不履行の規定による損害賠償請求及び契約の解除も可能です（同564条）。

　しかし、これらは任意規定ですから、契約書においてこれらと異なる適宜の条項を置くことは可能です。むしろ、当事者が、当該売買契約において、どのような解決方法によることを希望するかによって、それに応じた解決方法の条項を置く必要があります。例えば、目的物が土地や家屋である場合に、代替物の引渡しや不足分の引渡しは通常考えにくいでしょう。

　民法で規定されている代金減額請求については、「不適合の程度に応じて」代金減額請求ができると規定されています（民法563条1項）が、では実際どのように減額の金額を決めるかは解釈に委ねられており、実際に引き渡された目的物の現に有する価値と契約の内容に適合していたならば目的物が有していたであろう価値とを比較して、その割合を代金

額に乗じたものが想定されています。また、この価値の比較の基準時についても、解釈に委ねられているのですが、契約時とするのが相当とされています（一問一答・279頁）。契約書で代金減額請求ができるという条項を置く場合、その減額金額の算定方法まで定めることができればよいですが、難しいケースも多いと予想され、条項の工夫次第のように思えます。

　また、目的物が契約の内容に適合しない場合、そのような不適合のある目的物の売主に修補を求めるより、他の業者に修補してもらって、その修補にかかった代金を損害賠償として売主に請求すること（修補に代わる損害賠償の請求）は実務上よくあるケースです。

　ところが、民法では「債務の履行に代わる」損害賠償を請求することができるのは、債務の履行が不能であるときとか（民法415条2項1号）、債務者がその債務の履行を拒絶する意思を明確に示したときであるとか（同2号）、債務の不履行による契約の解除権が発生したときであると規定しています（同3号）。このうち、契約の解除権が発生するためには、原則として債権者から債務者に対する催告が必要とされているので（改正民法541条本文）、履行に代わる損害賠償（例えば、修補に代わる損害賠償）を催告なしに請求できるか否かは、やや不明なところがあります。

　買主が催告なしに修補に代わる損害賠償を請求したいのであれば、契約書でそのような条項を置くほうがよいでしょう。なお、旧民法では、請負の規定において、「注文者は、瑕疵の修補に代えて、又はその修補とともに、損害賠償の請求をすることができる。」という規定があったので（旧民法634条2項前段）、契約書の条項もこれに倣うことが多かったように思われますが、現行民法では同条が削除されています。

3　条項例

　売買契約の目的となる不動産に関して、抵当権、質権、借地権その他買主の完全な所有権の行使を妨げる一切の負担がないことを契約の内容として確認する場合、次のような条項を設けることになると思われます。

【条項例1】

第○条　売主は、前条第1項による引渡し及び所有権移転登記申請の時までに本件土地（本件土地建物）上に存する抵当権、質権、借地権その他買主の完全な所有権の行使を妨げる一切の負担を除去し、完全な所有権を買主に移転する。

　また、土地売買契約書及び土地建物売買契約書末尾の（特約事項）の欄に記載するか、あるいは別紙を付けるなどして、目的物が有すべき品質・性状を記載することが望ましいと思われます。

【条項例2】

第○条　（特約事項）

　本件土地（本件土地建物）は次に掲げる事項を満たすものであることを要する。

　　1　本件土地（本件土地建物）が、その種類のものとして通常有すべき品質・性能を有すること。

　　2　……であること。

　　3　……

【条項例3】

第○条　（特約事項）

　本件土地（本件土地建物）は本契約書添付の別紙に記載された事項を満たすものであることを要する。

（別紙として、図面や資料を用意する）

　担保責任については、民法では売主の担保責任は債務不履行責任の一種ですから、適宜の条項を置けばよいと思われます。

【条項例4】

第○条　本件土地（本件土地建物）が本契約の内容に適合しない場

合、買主は、売主に対して、完全な所有権の行使を妨げる負担の
除去及び目的物が契約の内容に適合しない部分の修補（又は催告
を要さずに修補に代わる損害の賠償）を請求することができる。
第○条　第○条の場合において、買主が当該不適合によって損害を
被った場合、買主は売主に対してその損害の賠償を請求すること
ができる。
第○条　本件土地（本件土地建物）が本契約の内容に適合しない場
合において、買主が相当の期間を定めて売主に対して履行の追完
を催告し、その期間内に履行がないときは、買主はその不適合の
程度に応じて代金の減額を請求し、又は本契約を解除することが
できる。

　なお、売買の目的物が新築住宅である場合は、住宅の品質確保の促進
等に関する法律95条の規定の適用があります。

（小松達成・森詩絵里・寺﨑裕史）

③　土壌汚染に関する条項の必要性

1　土壌汚染は、「瑕疵」に該当し得るか
（最判平成22年6月1日民事判例集64巻4号953頁の要旨）

　売買契約の目的物である土地の土壌に、売買契約締結後に法令に基づく規制の対象となったふっ素が基準値を超えて含まれていたことが、旧民法570条にいう「瑕疵」に該当するかどうか争われた裁判があります。最高裁は、この事案において、このふっ素の存在は、旧民法570条にいう「瑕疵」に該当しないと判断しています（上記判決）。

　旧民法570条にいう「瑕疵」とは、売買契約目的物に欠陥があり、そのために価値の減少が生じ、その通常の用途ないし契約で定めた用途に適合しないこと（大判昭和8年1月14日民集12巻71頁）を指しています。そして、平成22年最高裁判決は、瑕疵の有無を判断するに際し、まず、「売買契約の当事者間において目的物がどのような品質・性能を有することが予定されていたか」を分析しています。この際、「売買契約締結当時の取引観念をしんしゃくして判断すべき」と判示しています。当該事例においては、売買契約締結当時、当事者も、取引観念上も、「ふっ素が土壌に含まれることに起因して人の健康に係る被害を生ずるおそれがあるとは認識されて」いなかったと判断しています。その上で、「本件売買契約の当事者間において、それが人の健康を損なう限度を超えて本件土地の土壌に含まれていないことが予定されていたものとみることはできず、本件土地の土壌に溶出量基準値及び含有量基準値のいずれをも超えるふっ素が含まれていたとしても、そのことは、民法570条にいう瑕疵には当たらないというべきである。」と判断されています。

2　土壌汚染は「契約内容不適合」に該当し得るか

このように、旧民法のもとでも、まずは、当事者の想定した売買目的物の性質が瑕疵の認定の前提となるとされていました。先に解説されたとおり、現行民法では、「瑕疵」という概念は採用されておらず、契約内容不適合という概念が採用されており、売買の目的物の品質等について売主が責任を負うと言えるためには、当該目的物が、契約当事者の合意した性能を有していないことが必要となります。

そのため、土壌汚染が存在した場合の売主の責任を明確化するという観点からは、上記の民法の趣旨に則り、契約書の中に、土壌の品質についての記載も盛り込み、当事者の想定した売買目的物の性質を明示することが好ましいといえます。

3　土壌汚染に関する条項例

まず、土壌汚染に関して、民法572条の趣旨をそのまま反映させると、【条項例1】のようになります。

【条項例1】

1　甲は乙に対し、本件引渡し後、本物件よりコンクリート片、金属片、木片、杭、擁壁、埋設管等の地中埋設物及び産業廃棄物等の汚染物質による土壌の汚染並びに地下水汚染の存在等が発見されたとしても、一切の担保責任を負わない。また、乙は本物件から地中埋設物等が発見されたことを理由として甲に対して履行の追完の請求、代金の減額の請求、損害賠償の請求、及び契約の解除等の一切の請求ができない。ただし、甲が知りながら告げなかった事実及び自ら第三者のために設定し又は第三者に譲り渡した権利については、この限りでない。

次に、民法において、目的物が「種類、品質又は数量に関して契約の内容に適合しない」という要件を採用している趣旨に則り、売買対象物

について、売主に専門家による事前調査を求め、調査結果を基に契約が締結されたことを明示するというやり方があります。そのうえで、先に解説した最高裁平成22年判決の趣旨も併せて盛り込むと、【条項例２】のようになります。

【条項例２】

第○条（土壌調査）

1　甲は乙に対し、甲が、本物件を含む周辺の甲所有地を対象として実施した土壌調査に関する報告書（平成○年○月○日付「地歴調査報告書」）を交付し、同報告書から、本物件には土壌汚染対策法等に定める基準値を超える土壌汚染はないことを表明し、保証する。

2　本契約締結後、乙は、本物件において土壌汚染対策法等に定める基準値を超える土壌汚染が発見された場合、あるいは基準の変更もしくは自治体等による新たな基準等が設置されたことにより、その基準を超える土壌汚染が発見された場合でも、甲に対し、当該事実に基づき、甲に対して履行の追完の請求、代金の減額の請求、損害賠償の請求、及び契約の解除等の一切の請求ができない。

第○条（担保責任）

　甲は乙に対し、本件引渡し後、本物件よりコンクリート片、金属片、木片、杭、擁壁、埋設管等の地中埋設物及び産業廃棄物等の汚染物質による土壌の汚染並びに地下水汚染の存在等が発見されたとしても、一切の担保責任を負わない。また、乙は本物件から地中埋設物等が発見されたことを理由として甲に対して履行の追完の請求、代金の減額の請求、損害賠償の請求、及び契約の解除等の一切の請求ができない。ただし、甲が知りながら告げなかった事実及び自ら第三者のために設定し又は第三者に譲り渡した権利については、この限りでない。

（横山宗祐・寺﨑裕史）

④　表明保証条項との関係

1　表明保証条項とは

　表明保証条項とは、契約当事者の一方当事者が、一定の時点（契約締結時、最終決済時等を定めることが多いです。）における一定の事項（契約当事者に関係する事実や、契約目的物の内容を対象とすることが多いです。）について事実であることを表明し、これを保証する条項です。この表明保証条項に違反した場合、契約内容不適合責任と同様に、追完履行請求や減額請求、損害賠償請求、さらには解除まで認める条項が規定されることがあります。

　表明保証条項ですが、旧民法はもちろん、現行民法でも明文化されてはいません。もともと米国の契約実務で利用されていた契約スタイル・条項であるため、どのような効果を有するか、不明な点が多くありました。

　しかし、近年、M&Aを行う際の事業譲渡契約や株式譲渡契約に関し、表明保証条項の法的性質が争いとなった事案が出てきて、裁判例がだんだんと集積しています。また、不動産の取引においても、表明保証条項に関する裁判例が出ています（東京地判平成21年12月11日・ウエストロージャパン文献番号2009WLJPCA12118004（以下「平成21年判決」といいます。）、東京地裁平成26年1月21日判決・ウエストロージャパン文献番号2014WLJPCA01218009）。これらのうち、平成21年判決は、信託受益権売買契約の対象物が建物に法律上の瑕疵が存在した事例で、売主に対し表明責任違反に基づく損害賠償責任が認められています。

　そこで、表明保証条項を利用して、不動産取引に住宅の品質確保の促進等に関する法律（品確法）による構造耐力上主要な部分及び雨水の浸入を防止する部分の補修責任等と民法による契約内容不適合責任の隙間

を埋めることが考えられます。

2　日本における表明保証条項の法的意義

　企業買収を目的とする株式譲渡契約において、財務諸表が一般に承認された会計原則に従って作成されている旨、及び、デュー・デリジェンスにおいて信義則上開示されるべき資料等が漏れなく開示され、それが正確である旨の表明保証した事例において、売主に表明保証条項違反があったとして、損害補償義務が認められた裁判例があります（東京地判平成18年1月17日判時1920号136頁ほか）。この裁判例では、企業買収を目的とする株式譲渡契約において表明保証条項を定めた場合、これに違反すると判断された場合には売主に債務不履行責任が発生することを前提としつつ、表明保証条項に反する事情が存在することについて買主が重大な過失によりこれを知らなかった場合には、公平の見地に照らし、売主は表明保証責任を免れるとしています（ただし、この裁判例の中ではこのような重大な過失はなかったと認定されています。）。

　また、業務提携や企業買収について交渉の末、株式譲渡契約を締結した事案において、当該会社の資産が譲渡契約前に説明を受けていたものよりはるかに価値が低いとして表明保証の補償条項に基づいて損害補償請求がなされ、その請求の一部が認められた裁判例があります（東京地判平成19年7月26日判タ1268号192頁）。この裁判例では、株式譲渡契約による企業の買収において十分かつ正確な情報開示の重要性が認められるとして表明保証条項の有効性とこれに違反したときの損害補償の定めの有効性は認めています。もっとも、考え得るすべての事項を情報開示やその正確性保証の対象とするというのは非現実的として、表明保証によって保証の対象となる情報はおのずと限定的であるという考え方も示しています。そのうえで、企業買収をするかどうか、金額をいくらとするかなどに影響を及ぼす情報について重大な相違、誤りがないことを保証したものであると限定的に解釈しています。

　さらに、業務提携・資本提携契約を会社間で締結した後、買収者側の会社の取締役がその後粉飾決算等で逮捕・起訴された事案において、

当該提携契約前に粉飾の事実を告知しなければならないかが争われた裁判例があります（ライブドアオート・表明保証責任訴訟　東京地判平成19年9月27日判時1987号134頁ほか）。この点、裁判所は、企業買収において資本・業務提携契約が締結される場合、企業は相互に対等な当事者として契約を締結するのが通常であるから、特段の事情がない限り、相手方当事者に情報提供義務や説明義務を負わせることはできないと解するのが相当と判断しています。そして、上記裁判例では、「特段の事情」があるかどうかを判断するに際して、表明保証条項の項目内容や項目数等を具体的に検討の上、特段の事情は認められないとして、買収者側の情報提供義務を否定する判断を行っています。

　これらの裁判例から、公平の見地や企業買収の特殊性を理由に、表明保証条項違反について買主側の善意無重過失を求めたり、表明保証条項の解釈を限定的に行ったりする場面があることが分かります。そして、表明保証条項に記載のない事項については、売主へ責任を追及することが困難となる場合も予想されます。

　最後に、先に挙げた不動産の取引において表明保証条項についての平成21年判決で争われた事例を検討します。この事案では、ビルの居住部分と説明を受けていた部屋のうち、10室が事務所として利用されていました。

　そのため、当該建物は建築基準法上の用途制限違反物件に該当することとなり、表明保証条項違反として用途制限違反状態を是正するに要する費用、及び減免を受けられなかった税額相当額が損害として認定されています。

3　不動産取引で表明保証条項を利用する場面

　先の裁判例のように、投資用物件の売買において、表明保証条項を利用することがまず考えられます。この場合、賃貸条件一覧表等の収益性に関する資料の真実性・正確性を担保するためという面では、表明保証条項はとても有効な手段だと思います。また、エグジット（出口）の場面を想定すると、対象物件が適法物件か不適法物件かは売却先の融資

可能性や利率等に影響を及ぼす可能性が高いといえます。このような面からも、表明保証条項を採用する利点はあります。

　また、一般の不動産取引においても、表明保証条項違反の場合の効果を、契約内容不適合責任と同様の効果を定めておくことが考えられます。

　そこで、表明保証条項を利用して、品確法95条の責任の対象とまではいえないが、建物・敷地としての基本的な安全性を有することを売主に保証してもらうことを定めて、「契約の内容」の解釈を行わなくても、不動産の安全を確保するという方法が考えられます。

‖4　表明保証条項例

⑴　投資用物件の売買を念頭に置いた表明保証条項

　先の平成21年判決において適示された表明保証条項をベースに、投資用物件の売買を念頭に条項例を作成すると以下のようになります。

　なお、先に挙げた裁判例では、「記載すべき重要な事項」という表現を採用した結果、表明保証条項で保護の対象となる情報を限定して解釈されています。そこで、何をもって「記載すべき重要な事項」と評価するかについては、さらに検討が必要となるかと思われます。そこで、実際に取引を行う際、情報提供を正確に求める事項を十分吟味し、「記載すべき重要な事項」と評価すべき事項を例示的に列挙するなどして、契約を締結するかどうか、契約するときの購入金額を算定する際に検討した事情をキチンと列挙していただけたらと考えます。この表明責任の対象となる事情の列挙を欠く場合、「特段の事情がない限り、相手方当事者に情報提供義務や説明義務を負わせることはできない」と裁判所から判断される可能性もありますので、ご注意ください。

【条項例 1 】

　売主は買主に対し、本件売買契約締結日及びクロージング日において、次の各号に掲げる事実が真実かつ正確であることを表明して保証し、その表明及び保証に関して誤り又は不正確な事項があるときにこれが是正されない場合、売主は、それにより買主に生じた損

害、損失又は費用を賠償する。ただし、この損害賠償責任は、買主が悪意又は重過失を有する場合にはその限りでない。

(1) 本件不動産が、建築基準法、都市計画法、消防法等の適用法令（条例、ガイドラインを含む。）にしたがって建築・管理されており、担当行政機関、裁判所その他の第三者からかかる適用法令に違反がある又は違反するおそれがある旨の通知を受けたことはなく、売主が知る限りかかる通知の原因となるような事実もない。

(2) 本件売買契約に際して作成された物件概要書（以下「本件物件概要書」という。）の記述は、すべて真実かつ正確であり、虚偽の記載を含んでおらず、記載すべき重要な事項又は誤解を生じさせないために必要な事実の記載を欠いていない。

(3) 本件売買契約に記載される情報及び本件売買契約により企図される取引に関連して売主が買主に提供した資料又は情報は、すべての点において真実かつ正確であり、かかる資料又は情報について誤解を生ぜしめ又は不正確にならしめるような事実の省略はなされていない。

⑵ 一般の不動産売買を想定した表明保証条項例

【条項例1】をベースに、居住用不動産売買を念頭に建物・敷地の安全性についても表明保証条項を加えたものが【条項例2】となります。

ここでは、居住用不動産において「重要な事項」となる重要事項説明書記載事項や建築概要書、建築協定書、掘削承諾道路使用許可等の同意書等の真実性を表明保証の対象となるよう、例示してあります。

また、表明保証条項を利用して、品確法95条の責任の対象とまではいえないが、建物・敷地としての基本的な安全性を有することを売主に保証してもらうよう、別条項を定めています。

【条項例2】
第○条 売主は買主に対し、本件売買契約締結日及びクロージング日において、次の各号に掲げる事実が真実かつ正確であることを

表明して保証し、その表明及び保証に関して誤り又は不正確な事項があるときにこれが是正されない場合、売主は、それにより買主に生じた損害、損失又は費用を賠償する。ただし、この損害賠償責任は、買主が悪意又は重過失を有する場合にはその限りでない。

(1)　本件不動産が、建築基準法、都市計画法、消防法等の適用法令（条例、ガイドラインを含む。）にしたがって建築・管理されており、担当行政機関、裁判所その他の第三者からかかる適用法令に違反がある又は違反するおそれがある旨の通知を受けたことはなく、売主が知る限りかかる通知の原因となるような事実もない。

(2)　本件売買契約に際して作成された次の各号に定める資料の記述は、すべて真実かつ正確であり、虚偽の記載を含んでおらず、記載すべき事項又は誤解を生じさせないために必要な事実の記載を欠いていない。

　　一　重要事項説明書

　　二　本契約書に添付される別紙図面

　　三　本物件に関する建築協定書、本契約書に添付される資料

　　四　本契約書に添付される同意書・確認書等、本契約に付随して取得した近隣住人との間の合意書

第○条　売主は買主に対し、本物件が住宅及びその敷地として基本的な安全性を有することを保証する。

2　本物件が住宅及びその敷地として基本的な安全性を有していないことが判明したときは、買主は売主に対し、本物件の修補（代替物の引渡し又は不足分の引渡しによる履行の追完を含む。）を請求することができる。ただし、以下の各号に定める場合には、この限りでない。

　　一　買主の故意・過失による損壊等

　　二　経年変化

　　三　第三者の行為による損壊等

　　四　天変地異その他不可抗力によるもの

3　本物件の基本的な安全性を欠くに至った事情が売主の責めに帰すべき事由によるものであるときは、買主は売主に対し、第○条に定める損害賠償の請求、及び第○条に定める契約内容不適合に定める追完等の請求をすることができる。

4　買主が売主に対し、本条による履行の追完請求等をする場合には、買主は本物件が基本的な安全性を有していないことを知った日から6か月以内に通知しなければならない。ただし、売主が本件売買契約締結日及びクロージング日において、本条に定める表明内容に違反があることを知っていたとき、又は知らなかったことにつき重大な過失がある場合にはこの限りでない。

（横山宗祐・寺﨑裕史）

⑤　期間制限（566条）の条項例

1　契約内容不適合責任

⑴　瑕疵担保責任から契約内容不適合責任へ

　建物に欠陥があった場合など、売買の目的物に契約内容不適合があった場合、売主は契約内容不適合責任を負います。旧民法では、「瑕疵担保責任」の概念があり、その解釈等をめぐる議論がありましたが、現行の民法では、「契約内容不適合」の一場面として整理されています。同時に、旧民法で要件とされていた、物の瑕疵の場合の「隠れた」瑕疵（旧民法570条）であることも不要となりました。

　現行の民法下においても、契約上、「瑕疵担保責任」や「隠れた」といった用語を目にすることもしばしばありますが、上記のとおり旧民法下における「瑕疵担保責任」の概念はなくなっていますので、「瑕疵担保責任」との記載があっても、「契約内容不適合責任」の意味と解するか、旧民法下の「瑕疵担保責任」同様の概念を契約上特別に導入したものと解することになるでしょう。

⑵　具体的な制度内容

　不適合の内容に応じて、以下のような制度が定められています。

①　追完請求権（民法562条、565条）

　目的物の種類、品質又は数量に関し、契約内容不適合がある場合に、買主は、買主に責めに帰すべき事由がある場合を除き、売主に対し、目的物の修補、代替物又は不足分の引渡しを請求することができます（民法562条。❹⑦も参照）。不動産においては、建物の仕様が契約と異なる場合や、単位面積当たりで土地の価格を算定していたところ、実際には面積が不足していた場合などが該当します。この際、売主は、買主に

不相当な負担を課すものでないときは、買主が請求した方法と異なる方法で追完することも可能とされています。

　この規律は、移転した<u>権利の内容が契約に適合しない場合</u>にも準用されています（民法565条）。

◀民　法▶

（買主の追完請求権）

第562条　引き渡された目的物が種類、品質又は数量に関して契約の内容に適合しないものであるときは、買主は、売主に対し、目的物の修補、代替物の引渡し又は不足分の引渡しによる履行の追完を請求することができる。ただし、売主は、買主に不相当な負担を課するものでないときは、買主が請求した方法と異なる方法による履行の追完をすることができる。

2　前項の不適合が買主の責めに帰すべき事由によるものであるときは、買主は、同項の規定による履行の追完の請求をすることができない。

---

②　代金減額請求権（民法563条、565条）

　上記①の場合に、追完を請求しても売主が追完をしないときや、追完が不能であるとき、売主が追完を明確に拒絶したときなどには、不適合の程度に応じて代金の減額を請求することができます（民法563条）。権利に関する契約内容不適合についても同様です（民法565条）。なお、代金減額請求には、債務不履行に基づく損害賠償（詳細は❷③ないし❷⑤参照）と異なり、売主の帰責事由は要求されていないことに留意が必要です。また、代金減額請求権と、かかる損害賠償請求権とは代金減額部分について範囲が重複しますので、双方を行使することはできないと解されます（日本弁護士連合会編『実務解説　改正債権法』2017年弘文堂・389頁）。他方、売買のコスト等の損害に関する賠償請求権とは両立しうるといえます。

◥◣**民　法**◢◤

（買主の代金減額請求権）

第563条　前条第1項本文に規定する場合において、買主が相当の期間を定めて履行の追完の催告をし、その期間内に履行の追完がないときは、買主は、その不適合の程度に応じて代金の減額を請求することができる。

2　前項の規定にかかわらず、次に掲げる場合には、買主は、同項の催告をすることなく、直ちに代金の減額を請求することができる。

　一　履行の追完が不能であるとき。

　二　売主が履行の追完を拒絶する意思を明確に表示したとき。

　三　契約の性質又は当事者の意思表示により、特定の日時又は一定の期間内に履行をしなければ契約をした目的を達することができない場合において、売主が履行の追完をしないでその時期を経過したとき。

　四　前三号に掲げる場合のほか、買主が前項の催告をしても履行の追完を受ける見込みがないことが明らかであるとき。

3　第1項の不適合が買主の責めに帰すべき事由によるものであるときは、買主は、前二項の規定による代金の減額の請求をすることができない。

③　**損害賠償請求権及び解除権（民法564条、565条）**

　損害賠償請求権や解除権については、債務不履行の場合の一般準則に従います。このことを確認するための規定がおかれています（民法564条、565条）。このため、通常の債務不履行の場合同様に、原則として、催告を行った上で解除することになります。この結果、軽微な債務不履行の場合は解除が否定される可能性があります。解除について詳しくは❸1ないし❸3をご参照ください。

━━┫民　法┣━━━━━━━━━━━━━━━━━━━━━━━━━━━

（買主の損害賠償請求及び解除権の行使）

第564条　前二条の規定は、第415条の規定による損害賠償の請求並び
に第541条及び第542条の規定による解除権の行使を妨げない。

（移転した権利が契約の内容に適合しない場合における売主の担保責任）

第565条　前三条の規定は、売主が買主に移転した権利が契約の内容に
適合しないものである場合（権利の一部が他人に属する場合において
その権利の一部を移転しないときを含む。）について準用する。

─────────────────────────────────────

④　「通知」期間（民法566条）

　種類又は品質の不適合に関し、契約内容不適合責任に基づく責任追及
を行うためには、一定期間内に請求権を「保存」するための通知をしな
ければなりません。すなわち、買主は、その不適合を知った時から1年
以内に、売主に対して不適合があったことを通知しておく必要がありま
す。この期間は「除斥期間」と呼ばれ、消滅時効（第Ⅰ章❹⑥参照）の
ように「完成猶予」や「更新」はありません。ただし、売主が引渡しの
時にその不適合を知っていたり、又は重大な過失によって知らなかった
ときには、この期間制限は適用されません。また、種類又は品質の不適
合以外の不適合、具体的には数量や権利の不適合に関しては、このよう
な期間制限そのものがありません。

3　特別法

　民法のほか、宅地建物取引業法（宅建業法）、消費者契約法等による
規律があります。例えば、民法に基づく損害賠償責任の全部又は一部を
免除するような契約条項は、当該契約上、事業者による所定の手当てが
講じられている場合を除き、消費者契約法により無効とされる可能性が
あります（消費者契約法8条）。

　また、売買とは異なりますが、注文住宅のような請負形式の場合、住
宅の品質確保の促進等に関する法律（品確法）により一定の場合には

10年間の瑕疵担保責任（「瑕疵」の用語が残っていますが、ここでは契約内容不適合の意味で使用されています。）が課されます。

4　契約内容不適合責任に関する条項例

　以下では、いわゆる建売住宅を宅地建物取引業者でない売主から購入する場合を想定して、契約内容不適合責任に関する条項例を記載します。

【条項例1】（建売住宅の場合を想定）

1　本件物件について、本契約に定める仕様に関する不適合が判明した場合、買主は、判明した時から1年以内に、売主に対し、その旨の通知をしなければ、修補、代金減額、損害賠償の請求をすることができず、また、これを理由に本契約を解除することはできないものとする。

2　前項の規定は、売主が当該不適合の存在を知り、又は重大な過失により知らなかった場合には適用しない。

　実際の契約例では、1年の期間の起算点を引渡し時とする例や、期間そのものを短縮する例もあります。民法566条は任意規定ですので、このように民法の規律と異なる定めも許容されています。

　なお、宅地建物取引業者が自ら売主となる場合には、宅地建物取引業法40条1項により、瑕疵担保責任の期間を引渡しの日から2年とする特約を除き、民法の規定よりも買主に不利となる特約をすることが禁じられており、これに反する特約は無効とされています（同条2項）。宅地建物取引業者である売主に最大限有利な条項とする場合は【条項例2】のようになります（下線部が変更箇所）。

　また、前記3でも触れましたが、新築の注文住宅等の場合、住宅の品質確保の促進等に関する法律（品確法）94条1項により、引渡し時から10年間、住宅の構造耐力上主要な部分等に関する一定の瑕疵について、売主（請負人）は担保責任を負いますが、これに反する特約で買主に不利なものは無効とされています（同条2項）。このほか、売主が事

業者で買主が個人である場合などに消費者契約法の適用があることは前記3のとおりです。

【条項例2】（建売住宅の場合を想定）

1 本件物件について、本契約に定める仕様に関する不適合が判明した場合、買主は、本件物件を引き渡した時から2年以内に、売主に対し、その旨の通知をしなければ、修補、代金減額、損害賠償の請求をすることができず、また、これを理由に本契約を解除することはできないものとする。

2 前項の規定は、売主が当該不適合の存在を知り、又は重大な過失により知らなかった場合には適用しない。

（上村剛）

⑥ 消滅時効の改正の一般的説明

1 消滅時効制度に関する概観

　債権及び所有権以外の財産権に関しては、一定期間権利行使しないと権利そのものが消滅してしまうという制度があります。これを消滅時効といい、上記一定期間が経過して権利行使ができなくなることを、消滅時効が「完成」するといいます。債権の消滅時効期間は、原則として5年です（民法166条）。つまり、何らかの債権を持っていても、5年間行使しないと、いざ請求という段になっても、相手方から時効が完成していることを指摘されると（このように、時効が完成しているとの主張を行うことを、時効の「援用」といいます（民法145条））。そもそも請求ができなくなってしまうのです。

2 民法における債権に関する消滅時効

　旧民法においては、債権の種類や内容によって消滅時効期間がまちまちでしたが、現行の民法では、債権の種類・内容にかかわらず、原則として一律の消滅時効期間とされています。

⑴ 消滅時効期間

　債権については、原則として、①主観的起算点から5年、又は②客観的起算点から10年（ただし、後記のとおり生命・身体の侵害に係る損害賠償請求権の場合は20年）の消滅時効期間を規定し、①と②のいずれかが到来した時点（①又は②のうち、早く到来した時点）で消滅時効が完成します（民法166条1項）。

　上記①にいう主観的起算点とは、「債権者が権利を行使することができることを知った時」とされていますが（同条1項1号）、ここにいう

「知った時」とは、損害及び加害者を知った時と解されています（法制審議会第92回部会議事録22頁）。旧民法724条に関する判例ですが、同条の「知った時」について、「加害者に対する賠償請求が事実上可能な状況のもとに、その可能な程度にこれを知つた時」（最判昭和48年11月16日民集27巻10号1374頁）と判示していることが参考になります。なお、債権者が、債務者（加害者）を知っていることが必要であるかどうかについては、特定の債務者に対する権利行使の場面であることから、当然に必要とされるとされています（法制審議会第92回部会議事録22頁）。

　次に、上記②の客観的起算点とは、「（債権者が権利を行使することができることを知っているかどうかに関わらず）権利を行使することができる時」とされています。

　なお、債権や所有権以外の財産権については、20年の消滅時効とされています（民法166条2項）。

◀**民　法**▶

（債権等の消滅時効）

第166条　債権は、次に掲げる場合には、時効によって消滅する。

　一　債権者が権利を行使することができることを知った時から5年間行使しないとき。

　二　権利を行使することができる時から10年間行使しないとき。

2　債権又は所有権以外の財産権は、権利を行使することができる時から20年間行使しないときは、時効によって消滅する。

3　前二項の規定は、始期付権利又は停止条件付権利の目的物を占有する第三者のために、その占有の開始の時から取得時効が進行することを妨げない。ただし、権利者は、その時効を中断するため、いつでも占有者の承認を求めることができる。

（人の生命又は身体の侵害による損害賠償請求権の消滅時効）

第167条　人の生命又は身体の侵害による損害賠償請求権の消滅時効についての前条第1項第2号の規定の適用については、同号中「10年間」

とあるのは、「20年間」とする。

（定期金債権の消滅時効）

第168条　定期金の債権は、次に掲げる場合には、時効によって消滅する。

　一　債権者が定期金の債権から生ずる金銭その他の者の給付を目的とする各債権を行使することができることを知った時から10年間行使しないとき。

　二　前号に規定する各債権を行使することができる時から20年間行使しないとき。

2　定期金の債権者は、時効の更新の証拠を得るため、いつでも、その債務者に対して承認書の交付を求めることができる。

---

(2)　生命・身体の侵害等に関する例外

　前記(1)で述べた消滅時効期間にはいくつかの例外がありますが、重要なものとして、生命や身体の侵害に係る損害賠償請求権があります。これについては、その重要性から、前記(1)で述べた②の期間が10年から20年に延長されています（民法167条）。

　また、判決等により確定した債権については、確定の時から新たに10年の消滅時効期間が進行します（民法169条）。

(3)　定期金債権

　定期金債権とは、定期ごとに若干ずつの金銭等の給付を受ける基本の権利を指すとされています（大判明治40年6月13日民録13輯643頁）。例えば終身又は一定の有期の年金債権、定期の恩給を受ける権利、厚生年金、定期の扶助料を受ける権利、地上権の地代債権等があります。

　これについては、民法168条1項で、債権者が定期金の債権から生ずる金銭その他の者の給付を目的とする各債権を行使することができることを知った時から10年間行使しないとき、また、こうした各債権を行使することができる時から20年間行使しないときには、時効消滅すると規定されています。

なお、定期金債権の支分権で、年又はこれより短い時期によって定めた金銭その他の物の給付を目的とする債権（定期給付債権）は、5年間行使しないときは消滅するとされていました（旧民法169条）。例えば、マンションの管理組合が区分所有者に対して有する管理費・修繕費にかかる債権はこれに該当するとされています（最判平成16年4月23日民集58巻4号959頁）。この旧民法169条は今回の改正で削除され、民法168条に統一されることになりましたので、定期給付債権の消滅時効は5年から10年又は20年に延長されたことになります。ですから、区分所有権の取引の際に滞納管理費等の存在が問題となる場面では特に注意が必要です。

(4)　消滅時効の完成猶予と更新

消滅時効の期間が進行し、消滅時効が完成した場合、消滅時効が完成していることを援用することは、相手方の権利行使を阻害する効果があります。

もっとも、一定の例外があります。すなわち、その事由があれば一定期間消滅時効が完成しないこととする完成猶予と、その事由があればそこから新たに消滅時効期間が進行する更新の2つの制度です。

例えば、（裁判上の）請求、支払督促に関しては、その事由が終了するまで（確定判決又は確定判決と同一の効力を有するものによって権利が確定することなくその事由が終了した場合は終了時から6か月経過まで）、消滅時効が完成しないこととされ（完成猶予）（民法147条1項）、確定判決等により権利が確定した場合には、権利確定事由の終了時から新たに消滅時効が進行するとされました（更新）（民法147条2項）。その他、完成猶予・更新や、協議による完成猶予の制度については、第Ⅱ章❹①をご参照ください。

(5)　不法行為に基づく損害賠償請求権

不法行為に基づく損害賠償請求権に関しては、損害及び加害者を知った時から3年が消滅時効期間とされています（民法724条。ただし、生

命・身体の侵害に係る損害賠償請求権については、この期間が5年に延長されています（民法724条の2）。（知った時ではなく）不法行為の時から20年を経過した場合も同様です。

◀**民　法**▶

（不法行為による損害賠償請求権の消滅時効）

第724条　不法行為による損害賠償の請求権は、被害者又はその法定代理人が損害及び加害者を知った時から3年間行使しないときは、時効によって消滅する。不法行為の時から20年を経過したときも、同様とする。

一　被害者又はその法定代理人が損害及び加害者を知った時から3年間行使しないとき。

二　不法行為の時から20年間行使しないとき。

（人の生命又は身体を害する不法行為による損害賠償請求権の消滅時効）

第724条の2　人の生命又は身体を害する不法行為による損害賠償請求権の消滅時効についての前条第一号の規定の適用については、同号中「3年間」とあるのは、「5年間」とする。

（上村剛）

⑦　追完請求権の期間制限と消滅時効の関係

1　追完請求権の概要

　例えば、建物の売買で、その建物に契約内容に適合しない部分があった場合に、売主は、これを修補する義務、代替物がある場合にはこれを引き渡す義務等を負うことになります。

　住宅の品質確保の促進等に関する法律（品確法）94条1項により、売主は、住宅の構造耐力上主要な部分等に関する一定の瑕疵について、引渡し時から10年間は担保責任を負いますが（❹⑤参照）、これに該当しない場合でも、民法上の追完請求が可能となります。

　上記のような追完請求について、買主に不相当な負担を課すものでない場合は、売主は、例外的に、買主が請求した方法と異なる方法を選択することができることとされています（民法562条1項ただし書）。これは、原則として、買主の希望に沿った方法での追完がされるべきことを前提としつつ、追完する売主にも一定の利害があることを考慮して、例外的に、売主にも追完の方法の選択権を認めたものと考えられます。

　もっとも、どのような場合に「買主に不相当な負担を課す」といえるのかについては明文の規定はなく、今後の実務や学説の動向を注視する必要があります。

　また、目的物の契約内容不適合が買主の責めに帰すべき事由にある場合には、買主は、追完請求はできないとされています（民法562条2項）。

　なお、❹⑤でも述べたとおり、買主が追完の催告をしても相当期間内に追完がない場合には、買主は、代金の減額を請求することができますが（民法563条1項）、そもそも追完が不能であるとか、売主が追完を拒絶する旨を明確にしている場合などには、このような催告を行うことなく、代金減額請求ができます（民法563条2項）。

2　追完請求権の期間制限

　上記のとおり、追完請求権は、種類、品質又は数量に関する契約内容不適合の場合に認められますが、このうち、<u>種類又は品質</u>に関する契約内容不適合についての追完請求は、買主がその不適合を知った時から1年以内に、その旨を売主に通知しない場合には、行使することができないとされています（民法566条）。ただし、契約内容不適合について売主が知っていた場合や、重大な過失により知らなかった場合は、売主を保護する必要はありませんから、この規定は適用されません（民法566条ただし書）。この場合の、売主が知っていたかどうか（あるいは重大な過失により知らなかったかどうか）は、目的物の引渡しの時点が基準とされます。また、種類又は品質に関する不適合についての規律ですから、それ以外の契約内容不適合（<u>数量や権利</u>などに関するもの）には適用がありません。

　各契約内容不適合に共通して、消滅時効の一般原則（詳細は❹⑥参照）が適用されます。すなわち、債権の場合は、権利を行使することができることを知った時から5年か、権利を行使することのできる時から10年（ただし、生命・身体の侵害による損害賠償請求権は20年（民法167条））のいずれか早く経過した方の期間が適用されます（民法166条1項）。

3　契約条項

　追完請求権は任意規定ですから、当事者の合意により、例えば1年よりも短い期間制限を設定することや、追完請求権自体を排除することも可能です。

　ただし、宅地建物取引業法や消費者契約法などの特別法は適用されますので、売主が宅地建物取引業者の場合には、期間を2年とする特約を除き、民法の規定よりも買主に不利な特約をすることが禁じられていますし（そのような特約をしても、民法の規定どおりになります。）、売主が事業者であれば消費者契約法が適用される結果、買主に一方的に不利

な条項は無効とされることがあります（消費者契約法10条）。

　具体的な条項例については、第Ⅰ章❹⑤もご参照ください。

（上村剛）

8　契約内容不適合責任を追及する際の通知

1　通知が必要となる場面

　種類又は品質に関する契約内容不適合がある場合に、その契約内容不適合を知った時から1年以内であれば、その旨を売主に通知することにより追完、代金減額、損害賠償請求及び解除ができます（民法566条）。逆にいえば、このような通知をしておかないと、こうした手段を講ずることができないということです。売主が引渡しの時にその契約内容不適合を知っていた場合や、重大な過失により知らなかった場合は、この期間制限は適用されません（民法566条但書）。種類又は品質に関する場合以外の契約不適合にも、この規定は適用されません。また、いずれの契約内容不適合の場合も、消滅時効の一般原則は適用されます（詳細は第Ⅰ章❹⑥⑦も参照）。

2　「通知」に求められる内容

　それでは、買主が上記通知を行ったとされるためには、どのようなことをしなければならないのでしょうか。民法566条に定められた通知をさらに分類すると、契約内容不適合に関する通知と、契約内容不適合に基づいて履行の追完を請求するための通知に分けることができますが、前者の契約内容不適合に関する通知に関しては、細目にわたるまでの必要はないものの、不適合の内容を把握することが可能な程度に、不適合の種類・範囲を伝えることが想定されているとの見解が示されています（一問一答・285頁）。

　これは、この通知の趣旨が、引き渡した物の種類や品質に関する欠陥等が、時間の経過とともに不分明となるため、不適合を知った買主から早期にその事実を売主に知らせ、売主にその存在を認識し把握する機会

を与えることにあるとされているため、単に不適合があることを抽象的に伝えるのみでは足りないとされていることによります（一問一答・285頁）。

　後者については、第Ⅰ章❹⑨で詳しく扱います。

3　契約条項

　通知に関する契約条項例及び留意点に関しては、第Ⅰ章❹⑤をご参照ください。

（上村剛）

9　買主の追完請求権

1　不動産取引における追完請求権の意義

⑴　旧民法の立場

　旧民法の下での通説的見解によると、不動産に代表される特定物を対象とする売買において、売主が契約により負う義務は、売買の対象となった特定物に瑕疵があるか否かにかかわらず、当該特定物を引き渡すことによって果たされるものと解されていました。このような考え方のもとでは、引き渡された特定物が瑕疵あるものであった（契約の内容に適合しないものであった）場合においても、当該特定物を引き渡すという売主の義務は果たされている以上、売主に対してさらに履行の追完を求めることはできず、別途、当事者間の衡平を図るために法が特別に定めた瑕疵担保責任（旧民法570条）が問題となるにすぎませんでした。

⑵　現行民法の立場

　現行民法は、不特定物を対象とする売買はもちろん、特定物を対象とする売買においても、売主は、契約の内容に適合する目的物を引き渡す義務を負うとの考え方に立っています（一問一答・275頁）。そのため、特定物売買において、売買の対象となった特定物の引渡しが完了したとしても、当該特定物が契約の内容に適合していない場合は、売主の義務は果たされていない「ことになる」ため、買主には、履行の追完を請求する権利が認められることとなります。このことは、民法562条1項本文において、確認的に規定されています。

　また、民法562条1項は、複数の追完方法がある場合における、追完方法を選択するためのルールについても定めています。すなわち、まずは買主に、追完方法を選択して履行の追完を請求することを認めた上で、

売主には、買主に不相当な負担を課すものでないときに限り、買主が選択した方法と異なる方法による履行の追完をすることを認めています。不動産取引の場合は代替物の引渡しによる追完が考えにくいですが、仮にこれが可能な場合、修補による追完と代替物の引渡しによる追完のいずれかを買主が指定することができますし、指定せずに「何らかの方法による追完」という請求も可能と考えられます(一問一答・276〜277頁)。

　なお、民法562条2項は、引き渡された目的物が契約の内容に適合しないものであることが、買主の責めに帰すべき事由によるものであるときは、買主に履行追完請求権が認められない旨定めています。

◀ 民　法 ▶

（買主の追完請求権）

第562条　引き渡された目的物が種類、品質又は数量に関して契約の内容に適合しないものであるときは、買主は、売主に対し、目的物の修補、代替物の引渡し又は不足分の引渡しによる履行の追完を請求することができる。ただし、売主は、買主に不相当な負担を課するものでないときは、買主が請求した方法と異なる方法による履行の追完をすることができる。

2　前項の不適合が買主の責めに帰すべき事由によるものであるときは、買主は、同項の規定による履行の追完の請求をすることができない。

（特定物の現状による引渡し）

第483条　債権の目的が特定物の引渡しである場合において、契約その他の債権の発生原因及び取引上の社会通念に照らしてその引渡しをすべき時の品質を定めることができないときは、弁済をする者は、その引渡しをすべき時の現状でその物を引き渡さなければならない。

2　追完請求を行う場合の通知内容

(1)　不適合である旨の通知と追完請求権

　引き渡された目的物が契約の内容に適合せず、買主が追完請求等の責任追及を行える場合のうち、その不適合が種類又は品質に関するものである場合については、買主がその不適合を知った時から1年以内にその旨を売主に通知する必要があります（民法566条本文。詳細は第Ⅰ章❹⑤参照）。

　この場合、期限内に不適合である旨の通知を行った上で、あらためて履行の追完をするよう求めることも可能と考えられますが、両者をあえて分けて行う必要がない場合には、不適合である旨の通知とともに履行の追完をするよう求めることもできます。

　追完の内容としては、例えば建物の欠陥の場合は修補請求、土地の面積の不足の場合は不足分の引渡請求などが考えられます。

◀┃民　法┃▶

（目的物の種類又は品質に関する担保責任の期間の制限）

第566条　売主が種類又は品質に関して契約の内容に適合しない目的物を買主に引き渡した場合において、買主がその不適合の事実を知った時から1年以内にその旨を売主に通知しないときは、買主は、その不適合を理由として、履行の追完の請求、代金の減額の請求、損害賠償の請求及び契約の解除をすることができない。ただし、売主が引渡しの時にその不適合を知り、又は重大な過失によって知らなかったときは、この限りでない。

(2)　代金減額請求権・解除権と追完請求権

　引き渡された目的物が契約の内容に適合しなかった場合において、買主が相当の期間を定めて履行の追完の催告をし、その期間内に履行の追完がないときは、買主はその不適合の程度に応じて代金減額の請求をすることができます（民法563条1項。なお、同条2項に、履行の追完の催告を要さずに代金減額請求が可能である場合についての規定がありま

す。詳細は第Ⅰ章❹⑩参照）。

　また、売主が売買契約上の債務である追完義務を履行しない場合において、買主が相当の期間を定めてその履行の催告をし、その期間内に履行がないときは、その期間を経過した時における債務の不履行がその契約及び取引上の社会通念に照らして軽微であるときを除き、買主は契約の解除をすることができます（民法541条。なお、民法542条に、履行の催告を要さずに解除が可能である場合についての規定があります。詳細は「第Ⅰ章❸③」を参照）。

　原則として、これらの規定から、買主はまず追完請求を代金減額請求ないし解除権の行使に先行させることを求めているといえます。ただし、履行の追完をするよう求める通知は、上記の代金減額請求を行う場合の要件の１つである「履行の追完の催告」及び上記の契約解除を行う場合の要件の１つである「履行の催告」を兼ねます。買主としては、履行の追完が果たされることを第一に希望する場合には、履行の追完を求める旨のみ通知することとなりますが、代金減額あるいは契約解除をより強く希望する場合には、履行の追完を求めるとともに、相当の期間を定めた上、期間内に履行の追完がないときには代金減額あるいは契約解除をする旨の意思表示をも同時に行うことが考えられます。

◀民　法▶

（買主の代金減額請求権）

第563条　前条第１項本文に規定する場合において、買主が相当の期間を定めて履行の追完の催告をし、その期間内に履行の追完がないときは、買主は、その不適合の程度に応じて代金の減額を請求することができる。

（催告による解除）

第541条　当事者の一方がその債務を履行しない場合において、相手方が相当の期間を定めてその履行の催告をし、その期間内に履行がないときは、相手方は、契約の解除をすることができる。ただし、その期間を経過した時における債務の不履行がその契約及び取引上の社会通念に照らして軽微であるときは、この限りでない。

(3) 追完請求を行う場合の通知内容の例示

　追完請求を行う場合の通知内容の例として、新築建物の売買において配水管の施工の不具合により水漏れが生じている事例について、不適合である旨の通知とともに履行の追完をするよう求めることに加え、相当の期間を定めた上、期間内に履行の追完がないときには代金の減額を請求する旨の意思表示をも同時に行い、かつ、以後損害賠償請求を行うことを予告する場合の文例を示します。

【追完請求を行う場合の通知内容の例示】

　当社は、貴社より、平成○年○月○日付新築建物売買契約により、別紙目録（略）記載の建物を購入し、同年○月○日に代金を支払い、上記建物の引渡しを受けました。しかし、上記建物には、○○部分の配水管の施工に不具合があり、水漏れが生じています。配水管の施工の不具合により水漏れが生じる建物が、品質に関して上記契約の内容に適合しない物であることは明らかです。

　そこで、本書到着の日から14日以内に、上記建物の修補を完了してください。

　万一、期間内に修補が完了しない場合、上記期間の経過をもって、上記の契約不適合に応じた代金の減額を請求する旨、あらかじめ通知いたします。この場合、すでに支払済みの代金○円のうち少なくとも○円については減額されるべきですので、速やかに代金減額分○円を後記（略）預金口座に振り込む方法によりご返金ください。

　なお、本件に関して、当社の損害が確定したところで、貴社に対し別途損害賠償請求を行う予定であることを申し添えます。

（田村哲雄・富澤章司）

10 代金減額請求権

1 民法のもとでの代金減額請求権

◀民　法▶

（買主の代金減額請求権）

第563条 前条第1項本文に規定する場合において、買主が相当の期間を定めて履行の追完の催告をし、その期間内に履行の追完がないときは、買主は、その不適合の程度に応じて代金の減額を請求することができる。

2　前項の規定にかかわらず、次に掲げる場合には、買主は、同項の催告をすることなく、直ちに代金の減額を請求することができる。

一　履行の追完が不能であるとき。

二　売主が履行の追完を拒絶する意思を明確に表示したとき。

三　契約の性質又は当事者の意思表示により、特定の日時又は一定の期間内に履行をしなければ契約をした目的を達することができない場合において、売主が履行の追完をしないでその時期を経過したとき。

四　前3号に掲げる場合のほか、買主が前項の催告をしても履行の追完を受ける見込みがないことが明らかであるとき。

3　第1項の不適合が買主の責めに帰すべき事由によるものであるときは、買主は、前2項の規定による代金の減額の請求をすることができない

(1) 債務不履行に対する救済手段としての代金減額請求権

　民法のもとでは、売主は買主に対し、売買契約に基づき、種類・品質・数量に関して契約の内容に適合した物を引き渡すべき義務を負っており、売主が引き渡した目的物が種類・品質・数量に関して契約の内容

に適合しないものであるときは（「契約内容不適合」といいます。）、売主は債務不履行責任を負うことになります。そこで、民法は、引き渡された目的物に契約内容不適合があった場合、売買契約の対価関係を維持する観点から、不適合の割合に応じて、対価である売買代金を減額するという制度を設けています（民法563条1項）。旧民法の規定では、代金減額請求権は、いわゆる量的瑕疵（＝契約内容不適合）に限られていましたが、民法の改正によって、種類・品質に関する契約内容不適合の場合にも拡張して代金減額請求権が認められています。もっとも、この代金減額請求権は、慣用的に「代金減額請求権」と呼ばれますが、買主の一方的な意思表示によって代金減額という効果が生じる権利（このような権利を「形成権」といいます。）であると解されています（一問一答・279頁参照）。

(2)　代金減額請求権の要件

代金減額請求権は、売買契約の一部解除と同じ性質を有すると理解されています。そこで、代金額請求権の要件は、民法のもとでは、契約の解除（民法541条、542条、543条）と同様の要件と構成されています。

①　履行の追完の催告と相当期間の経過

代金減額請求をするためには、買主はまず売主に対して、履行の追完の催告をし、相当期間の経過を待って代金減額請求をしなければなりません（民法563条1項）。これは、催告解除（民法541条）と同様の枠組みを採用した結果です。

②　催告なしに代金減額請求ができる場合の要件

次の4つのいずれかに該当する場合には、買主は、催告なしに代金減額請求をすることができます（民法563条2項）。下記は履行不能など、債務者である売主に履行の催告をしても無意味であるような場合であり、無催告解除（民法542条）の要件を類型化したものといえます。

⑦　履行の追完が不能であるとき

④　売主が履行の追完を拒絶する意思を明確に表示したとき

⑨　契約の性質又は当事者の意思表示により、特定の日時又は一定の

期間内に履行しなければ契約をした目的を達することができない場合において、売主が履行の追完をしないでその時期を経過したとき
㋓ ㋐から㋒までの場合のほか、買主が催告をしても履行の追完を受ける見込みがないことが明らかであるとき

③ 「買主の責めに帰すべき事由」が認められないこと

売買の目的物の契約内容不適合が「買主の責めに帰すべき事由」によるものである場合は、買主は売主に対し代金減額請求をすることができません（民法563条3項）。これも、契約解除に関する民法543条と同様の趣旨によるものです。

なお、「買主の責めに帰すべき事由」が認められることは、売主側が主張立証することになります。

④ 「売主の責めに帰すべき事由」の要否は問題とならないこと

民法のもとでの売主の契約内容不適合責任については、損害賠償請求権を除き、「売主の責めに帰すべき事由」を要件としていません。したがって、売主は、契約内容不適合について売主に「責めに帰することができない事由」（免責事由）を主張しても代金減額請求による責任追及を免れることはできません。

(3) 代金減額額を決定する際の問題点

① 代金減額の算定方法

民法563条1項は「その不適合の程度に応じて代金の減額を請求することができる」と定めるだけで、具体的な算定方法は示されていません。量的な不適合に関する代金減額は単純に割合的計算によることができますが、種類・品質の不適合については、複数の算定方法が考えられます。

この点については、①契約に適合する目的物であれば有する価値と引き渡された不適合物の価値の割合に応じて代金を減額する「相対的評価方法」と、②契約に適合する物と引き渡された不適合物の価値の差額を契約代金から減額するという「絶対的評価方法」が考えられます。例えば、本来の価値が3,000万円の土地を2,700万円で売買する契約が締結されたが、土地に土壌汚染があり、その評価額が実際には2,000万円だっ

た場合、①「相対的評価方法」では、2,700万円×(3,000万円－2,000万円)／3,000万円＝900万円を減額することになりますから、減額された代金は2,700万円－900万円＝1,800万円となります。これに対し、②「絶対的評価方法」によれば、3,000万円－2,000万円＝1,000万円を減額することになりますから、減額された代金は2,700万円－1,000万円＝1,700万円となります。

　契約価格は交渉の結果定まるものであり、必ずしも市場価格と完全に一致するとは限らないため、客観的な市場価格の差額を単純に契約価格から減額する「絶対的評価方法」は、対価的均衡の維持としては不適切といえます。民法も、契約に適合する目的物と引き渡された不適合物の価値の割合を代金額に乗じる「相対的評価方法」を想定しているとされています（一問一答・279頁）。

②　代金減額割合の算定基準時

　次に、代金減額割合の算定基準時をいつにすべきかが問題となります。

　価値の比較の算定基準時については、契約時とするのが妥当とされています。これは、契約に適合する目的物の価値と実際に引き渡された目的物の価値を比較して、その差が「契約で定められた」代金額に反映されるという意味で契約の改訂を行うことと同視されるためです（一問一答・279頁）。

③　鑑定費用の負担

　売買契約の目的物を評価するには鑑定を用いる必要が生じることもあります。その場合の鑑定費用は、契約の改定の実質をもつ代金減額請求権の運用に要する費用であり、契約の費用（558条）と同様の性質を有すると考えられますから、買主と売主で平分するのが妥当でしょう（山野目章夫『新しい債権法を読みとく』2017年商事法務・191頁）。

‖ 2　現行民法のもとでの書式・条項例

⑴　代金減額請求権を行使するための通知の例

　前述のように、現行民法のもとでは、まず買主は売主に対し履行の追完を請求する必要があります（民法563条1項）。その通知の例は❹⑨

の通知例を参照してください。

⑵ 代金減額請求権の条項例

　売買契約書に代金減額請求権に関してどのような条項に入れるかは、立場によって異なると思われます。例えば、代金減額請求権を行使する買主としては、いわゆる履行不能でない場合でも催告なしに請求できるほうが有利です。そうすると、買主側に立って契約書を作成するときには、「履行の催告をすることなく直ちに代金の減額を請求できる」という条項を入れておいたほうが有利といえます。ただし、この場合でも、念のため催告をしたほうが良いとは思われます。

　また、代金減額の算定方法については前述のとおり様々な見解があります。もちろん、「算定方法については当事者間で別途協議する」という条項を入れることも考えられますが、無用の紛争を避けるためには、算定方法を条項に明記しておくことも十分考えられます。

　他方、売主としては、その責任追及手段を可能な限り限定しておくほうが有利といえます。そうであるならば、売主側の立場に立って契約書を作成する際には、民法563条1項は任意規定ですから、以下のような条項を置くことで代金減額請求権を否定することが可能です。

　「買主は売主に対し、本件物件が本件契約の内容に適合しないものであった場合、修補による追完を請求することができる。ただし、その場合でも買主は売主に対し、代金の減額を請求できないものとする。」

　以下では、買主側に有利な条項例を挙げます。

【条項例】

1　買主は売主に対し、本件物件が本件契約の内容に適合しないものであった場合、直ちに代金の減額を請求することができる。

2　減額する代金額は、当事者間での協議により決定するが、協議がまとまらない場合には、契約内容不適合がなければ本件物件が有したであろう価値に対して、本件物件の実際の価値との間で成立する比率に従って代金額を減額するものとする。

> 3　第2項において、本件物件の価値を決定するに当たり鑑定を要
> する場合には、その費用は当事者で平分して負担する。

（稲村晃伸・吉田大志）

11　契約内容不適合を理由とする責任を免除する特約

1　契約内容不適合責任を免除する特約

　売主の契約内容不適合を理由とする責任の規定（民法562条ないし565条）は任意規定ですから、契約内容不適合責任を免除する特約（以下「担保責任免除特約」といいます。）は有効です。民法572条もそのことを前提としています。

◀民　法▶

（担保責任を負わない旨の特約）

第572条　売主は、第562条第1項本文又は第565条に規定する場合における担保の責任を負わない旨の特約をしたときであっても、知りながら告げなかった事実及び自ら第三者のために設定し又は第三者に譲り渡した権利については、その責任を免れることができない。

　ただし、以下のような例外があることに注意が必要です。

①　契約内容不適合があることを売主が知っていれば、担保責任免除特約があっても、売主はその責任を免れることはできません（民法572条）。

②　売主が自ら第三者のために権利を設定したり、第三者に目的物を譲渡した場合、このことが契約内容不適合をもたらしたときは、担保責任免除特約があっても、売主は担保責任を免れることはできません（民法572条）。

③　消費者契約法8条2項には、消費者契約の中で担保責任免除特約がされた場合に、当該条項が不当条項として無効となる場合があると規定しています。また、消費者の利益を一方的に害する条項として無効となることがあります（同法10条）。

④　宅地建物取引業法40条は、「民法（略）第566条に規定する期間についてその目的物の引渡しの日から2年以上となる特約をする場合を除き、同条に規定するものより買主に不利となる特約をしてはならない。」と規定しており、責任期間を引渡しの日から2年未満にする特約を無効としています。

2　担保責任免除特約の条項例

上記のような例外があることに注意しつつ、担保責任免除特約を置くことは可能です。

【条項例1】

　売主は買主に対し、本件物件に関し、契約不適合を理由とする追完、代金減額、契約解除、損害賠償等の責任を負わない。

また、売主の賠償額の上限を設定するという形で責任を限定する条項や、契約内容不適合を理由として解除することができるとしたうえで、上記の例外に配慮して、解除できる場合を一定の事由を満たす場合に限定する条項を置くことも可能です。この点は、契約当事者間の交渉により、責任を免除するか、責任を限定するか調整することになるでしょう。

【条項例2】

　売主の買主に対する損害賠償責任は、債務不履行責任、契約不適合責任（担保責任）、その他請求原因の如何にかかわらず、金○○円を超えないものとする。

【条項例3】

　買主は、契約不適合により契約締結の目的を達することが著しく困難となる場合に限り、契約を解除することができる。

（稲村晃伸・本多基記）

土地建物売買契約書〔例〕

　売主と買主は、以下のとおり、下記の土地（以下「本件土地」という。）及び下記の建物（以下「本件建物」といい、本件建物及び本件土地を総称して「本件物件」という。）に関し、本件物件を買主の自宅居住用に供する目的[1]で売買契約を締結する。

（売買の目的物）

第1条　売主はその所有する本件物件を買主に売り渡し、買主はこれを買い受ける。

（売買代金）

第2条　本件物件の売買代金は、土地については壱平方メートルにつき金〇〇〇円の割合で実測面積（登記簿上の表示による。）に基づいて算出した金〇〇〇〇円、建物については金〇〇〇〇円、総合計金〇〇〇〇円とする。

2　実測面積が登記簿上の面積より少ないときは、この契約締結後

---

[1]　冒頭において、契約の目的を明記しています。その理由として、①履行不能か否かを判断する際（民法412条の2第1項）、また、損害賠償請求権の成否を検討するにあたり、債務者の「責めに帰することができない事由」（免責事由）の有無を判断する際（民法415条）、いずれの際においても「契約その他の債務の発生原因及び取引上の社会通念」（民法412条の2第1項、民法415条）が参照されるところ、これは、契約の趣旨や目的を考慮すると言い換えることができます（第Ⅰ章❷①3、4参照）。

　また、②債務不履行をした債務者に仮に催告をしても「契約をした目的を達するのに足りる履行がされる見込みがないことが明らかであるとき」は、債権者は無催告解除をすることができるとされており（民法542条1項5号、第Ⅰ章❸3参照）、「契約をした目的」が明文で規定されています。

　このように、契約の目的は、民法の要件該当性判断において重要な意味を持ちますので、契約書に契約の目的を記載しておくことは有益だと考えられます。

壱年以内に限り、買主は売主に対し、壱平方メートル当たり金○○○円の割合で、直ちに売買代金の減額を請求することができる[2]。

（手　付）

第3条　買主は本契約締結と同時に売主に対し手付金として金○○○円を支払い、売主はこれを受領する。この手付金は解約手付とするが、売買代金支払いのときはその一部に充当する。

2　買主は前項の手付金を放棄し、売主は前項の手付金の倍額を現実に提供し、それぞれ本契約を解除することができる[3]。

3　前項による解除は、相手方が本契約の履行に着手したときはすることができないものとする。

（売買代金の支払時期、方法）

第4条　買主は売主に対し、売買代金を202×年○月○日までに現金又は預金小切手をもって支払う。

（所有権等の移転の時期）

第5条　本件物件の所有権は、買主が売主に対し売買代金全額を支払い、売主がこれを受領した時に売主から買主に移転する。

（引渡し）

第6条　売主は買主に対し、本件物件を202×年○月○日[4]に引き渡す。

---

[2]　民法563条1項を受けて、代金減額請求権の条項を明文で置きました。民法563条では、履行の追完の催告が必要となりそうですが、実測面積が少ない場合に追完の催告をしても意味がないので、本条では直ちに減額請求できるとしています（第Ⅰ章❹参照）。

[3]　民法557条1項を参考に、手付解除に関する条項を置きました（第Ⅰ章❶❷参照）。

[4]　ここの日付は、第4条と合わせるのがよいと思われます。

（抵当権等の抹消）

第7条　売主は、第5条の所有権移転時期までにその責任と負担において本件物件上に存する抵当権、質権、借地権その他の買主の完全な所有権を妨げる一切の負担を除去ないし抹消する。

（所有権移転登記等）

第8条　売主が売買代金全額を受領すると同時に、買主及び売主は、買主の名義に所有権移転登記手続きをする。

2　前項の登記申請に要する費用は買主の負担とする。ただし、本件物件に関する所有権等の登記名義人の住所、氏名の変更登記を要する場合の費用は売主の負担とする。

（公租公課等の負担）

第9条　本件物件にかかる公租公課その他の賦課金及び負担金は、本件物件の引渡しの日をもって区分し、202×年1月1日からその日までの分は売主の負担とし、翌日以降の分は買主の負担とする。

（危険負担―引渡完了前の滅失・毀損）

第10条　本契約締結後、第6条による本件物件の引渡完了前に、売主若しくは買主のいずれの責めに帰することができない事由により本件物件の全部若しくは一部が流失、陥没その他の原因により滅失若しくは毀損したとき、又は公用徴収、建築制限、道路編入その他の負担が課せられたときは、その損失は売主の負担とし、買主は、売買代金の減額又は原状回復のために生じる損害の賠償を請求することができるものとする[5]。

2　前項に定める滅失若しくは毀損、又は公用徴収、建築制限、道路編入その他の負担によって買主が本契約締結の目的を達することができないときは、買主は本契約を解除することができる。この場合は、売主はすでに受け取った手付金を買主に返還しなけれ

ばならない[6]。

（契約内容不適合責任）

第11条　買主は売主に対し、本件物件に下記(1)ないし(5)の欠陥が
あることにより、本件物件が本契約の内容に適合しないもの（以
下「契約内容不適合」という。）であった場合、相当の期間を定
めて当該契約内容不適合の修補その他の履行の追完を催告し、
その期間内に履行がないときは、買主はその不適合の程度に応
じて代金の減額を請求できる。この場合、減額する代金額は、
当事者間での協議により決定するが、協議がまとまらない場合
には、契約内容不適合がなければ本件物件が有したであろう価
値に対して、本件物件の実際の価値との間で成立する比率に従っ
て代金額を減額するものとする[7]。

(1)　雨漏り

(2)　シロアリの害

(3)　建物構造上主要な部位の木部の腐蝕

(4)　給排水管（敷地内埋設給排水管を含む。）の故障

(5)　その他、本件物件に係る物理的ないし構造的な欠陥

　なお、買主は売主に対し、本件物件について、前記当該契約内容
不適合を発見したときは、すみやかにその契約内容不適合を通知し
て、修復に急を要する場合を除き売主に立ち会う機会を与えなけれ
ばならない。

---

[5]　民法536条1項は、反対給付の履行拒絶権を定めただけで、それだけでは法律関係は明
らかになりません。そこで、民法567条1項の趣旨を受けて、目的物の引渡前の滅失・毀
損については債務者である売主が危険を負担する旨の規定を置くのがよいでしょう（第Ⅰ
章❸④参照）。

[6]　民法542条1項によれば、無催告解除ができる場合があります。本条項はそのことを明
らかにした規定です。

[7]　民法563条1項を参考に代金減額請求権の条項を置いています。減額する代金額につい
ては、第Ⅰ章❹参照。

2　買主は、第1項の契約内容不適合により、本契約を締結した目的が達せられないときは、本契約を解除することができる[8]。

3　売主は買主に対し、引渡完了日から3か月以内に限り、第1項ないし第3項に基づく責任を負う[9]。

4　売主は買主に対し、本契約締結時に第1項の契約内容不適合の存在を知らなくても、本条の責任を負うが、買主が本契約締結時に第1項の契約内容不適合の存在を知っていたときは、売主は本条の責任を負わない。

（契約違反による解除・違約金）

第12条　売主又は買主は、その相手方が本契約に違反し、期限を定めた履行の催告に応じない場合には、本契約を解除し、違約金として金○○○円の支払いを相手方に請求できるものとする[10]。ただし、債務の不履行が、天災、暴動、戦争、動乱、テロ行為、同盟罷業等の争議行為、交通機関の事故その他の不可抗力により生じた場合には損害賠償債務は負わない[11]。

2　前項の場合において、売主が違約したものであるときは、すでに受け取った手付金は買主に返還し、買主が違約したものであるときは、売主は、すでに受け取った手付金をもって買主に支払うべき違約金に充当することができるものとする。

---

[8]　民法564条、542条1項（第Ⅰ章❹[1]3参照）。

[9]　民法566条によれば、買主の契約内容不適合責任を追及する権利は、買主が引き渡された目的物の契約内容不適合を知った時から1年以内に売主に通知をすれば保全されることになっていますが（第Ⅰ章❹[5]参照）、本条項ではその期間を短期間に制限しています。

[10]　民法541条を条文化しました（第Ⅰ章❸[2]参照）。また、損害賠償の予定については、第Ⅰ章❷[5]参照。

[11]　民法415条1項によれば、債務者は、債務不履行が「契約その他の債務の発生原因及び取引上の社会通念に照らして債務者の責めに帰することができない事由によるものであるとき」には、損害賠償債務を負いません。本条項は、その趣旨を明確にするため、債務不履行が不可抗力による場合の免責を規定しています（第Ⅰ章❷[2]参照）。

（規定外事項の協議義務）

第13条　本契約書に定めのない事項については、民法その他関係
　　法規及び不動産取引の慣行に従い、売主、買主互いに誠意をもっ
　　て協議する。

（管轄裁判所の合意）

第14条　本契約に関する訴訟については、本件物件所在地を管轄
　　する裁判所を専属的合意管轄裁判所とする。

（反社会的勢力の排除条項）

第15条　売主及び買主は、それぞれ相手方に対し、次の各号の事
　　項を確約する[12]。

　①　自らが、暴力団、暴力団関係企業、総会屋若しくはこれらに
　　準ずる者又はその構成員（以下総称して「反社会的勢力」とい
　　う。）ではないこと。

　②　自らの役員（業務を執行する社員、取締役、執行役又はこれ
　　らに準ずる者をいう。）が反社会的勢力ではないこと。

　③　反社会的勢力に自己の名義を利用させ、この契約を締結する
　　ものでないこと。

　④　本物件の引渡し及び売買代金の全額の支払いのいずれもが終
　　了するまでの間に、自ら又は第三者を利用して、この契約に関
　　して次の行為をしないこと。

　　ア　相手方に対する脅迫的な言動又は暴力を用いる行為

　　イ　偽計若しくは威力を用いて相手方の業務を妨害し、又は信
　　　用を毀損する行為

　2　売主又は買主の一方について、次のいずれかに該当した場合に

---

[12]　いわゆる暴力団排除条項については、同条項に違反しても契約が錯誤により取り消される可能性は高くないと考えられますので（民法95条1項2号）、本条項を置く必要があるといえます（第Ⅰ章❶⑤参照）。

は、その相手方は、何らの催告を要せずして、この契約を解除することができる。

　ア　前項①又は②の確約に反する申告をしたことが判明した場合

　イ　前項③の確約に反し契約をしたことが判明した場合

　ウ　前項④の確約に反した行為をした場合

3　買主は、売主に対し、自ら又は第三者をして本物件を反社会的勢力の事務所その他の活動拠点に供しないことを確約する。

4　売主は、買主が前項に反した行為をした場合には、何らの催告を要せずして、本契約を解除することができる。

5　第2項又は前項の規定によりこの契約が解除された場合、解除された者は、その相手方に対し、損害賠償額の予定として売買代金の20％相当額を支払うものとする。

6　第2項又は第4項の規定によりこの契約が解除された場合には、解除された者は、解除により生じる損害について、その相手方に対し一切の請求を行わない。

7　第2項又は第4項の規定によりこの契約が解除された場合の解除及び違約金については、第2項、第4項、第5項及び前項の規定によるものとし、第12条第1項は適用しない。

8　買主が第3項の規定に違反し、本件物件を反社会的勢力の事務所その他の活動の拠点に供したと認められる場合において、売主が第4項の規定により本契約を解除するときは、買主は売主に対し、第5項の違約金に加え、売買代金の80％相当額の違約罰を制裁金として支払う。

記

（物件の表示）

土　地

　所在　東京都○○区××町○丁目

　地番　○○番○○

　地目　宅地

　　　地積　　〇〇〇.〇〇平方メートル

　　建　物
　　　所在　　　東京都〇〇区××町〇丁目　〇〇番地〇〇
　　　家屋番号　〇〇番〇〇
　　　種　類　居宅
　　　構　造　木造スレート葺2階建
　　　床面積　　1階　〇〇.〇〇平方メートル
　　　　　　　　2階　〇〇.〇〇平方メートル

　　　　　　　　　　　　　　　　　　　　202×年△月△日

　　　　　　　　　　　　　　（稲村晃伸・岩田修一・桝本英晃）

第Ⅱ章

賃貸借

1 賃貸借契約総論

1 賃貸借の存続期間

1　旧民法の規定

　旧民法は、賃貸借の存続期間の上限を20年と定めており、契約でこれより長い期間を定めたときであっても上限を20年と定めていました（旧民法604条1項）。

　その立法趣旨は、賃貸借の存続期間が長期にわたると目的物に社会経済上の不利益が生じることや、20年よりも長期にわたる利用を必要とする場合には永小作権や地上権を利用すればよいからである、と説明されていました。

　しかし、実際には、立法趣旨とは異なり、土地の利用について永小作権や地上権はあまり利用されていません。

　なお、借地借家法は、借地権（建物所有目的の地上権又は賃借権）の存続期間の上限を30年と定め、契約によりこれより長期の期間を定めることも可能です（借地借家法3条）。加えて、建物の賃貸借について借地借家法は、旧民法及び現行民法604条の適用を排除しています（借地借家法29条2項）。

　また、農地法は、農地等の賃貸借について、存続期間の上限を50年としていました（旧農地法19条）。

2　現行民法の規定

　現行民法は、賃貸借の存続期間の上限を50年と規定しました（民法604条1項）。

　これは、現代社会においては、借地借家法や農地法が適用されない賃貸借（例えば、大型プロジェクトにおける重機やプラントといった巨大な動産を目的物とする賃貸借、ゴルフ場の敷地に利用するための土地の賃貸借、太陽光パネルの設置を目的とする土地の賃貸借など）において、20年を超える存続期間のニーズがあることからその期間の上限を伸長したものです。他方、あまりにも長期間にわたる賃貸借は目的物の所有権に対する過度の負担となることが懸念されます。そこで、現行民法は永小作権の存続期間の上限が50年であること（民法278条1項）などを参考にして、上限は50年と定めました。

　なお、改正に伴い、旧農地法19条は削除されました。

◀民　法▶

（賃貸借の存続期間）

第604条　賃貸借の存続期間は、50年を超えることができない。契約でこれより長い期間を定めたときであっても、その期間は、50年とする。

2　賃貸借の存続期間は、更新することができる。ただし、その期間は、更新の時から50年を超えることができない。

3　条項例

　借地借家法や農地法が適用される賃貸借については、賃貸借の存続期間を20年超とすることが可能でしたので、現行民法への改正による契約条項への影響はありません。

　他方、借地借家法や農地法が適用されない賃貸借については、改正により賃貸借の存続期間の上限が50年に伸長されたことを踏まえ、その存続期間を伸長する対応が考えられます。

【条項例】

（契約期間及び更新）

第○条　契約期間は、令和××年××月××日から50年間とする。

2　甲及び乙は、協議の上、本契約を更新することができる。

（小峯健介・久保俊之）

② 敷　金

1　旧民法の規定

　旧民法では、敷金について若干の規定（旧民法316条、619条2項ただし書）が存在したものの、敷金の定義や、敷金返還請求権の発生時期等の基本的な事項を定める規定が存在しませんでした。そのため、敷金の概念や実体は判例法理や解釈に委ねられていました。

2　民法の規定

　現行民法では、賃貸借の節（民法第3編・第2章・第7節）に、「敷金」と題する項目を追加し（第4款）、敷金に関する明文規定として、一か条を設けました（民法第622条の2）。これにより、敷金に関する基本的な法律関係が明文化されました。

⑴　敷金の定義

　現行民法への改正により、敷金とは「いかなる名目によるかを問わず、賃料債務その他の賃貸借に基づいて生ずる賃借人の賃貸人に対する金銭の給付を目的とする債務を担保する目的で、賃借人が賃貸人に交付する金銭」と定義づけられました（民法622条の2第1項柱書きのかっこ書き）。これは、大審院以来の確立した判例法理を明文化したものです。

　賃借人から賃貸人に交付される金銭には、「敷金」、「保証金」、「礼金」、「権利金」等の様々な名目のものが存在しますが、民法622条の2に定める敷金に該当するか否かは、名目によってではなく、上記の定義に該当するか否かによって判断されます。

　個別具体的な事情によっても異なりますが、一般的に、「敷金」、「保証金」として授受される金銭は、民法622条の2の定める敷金に該当す

るものと考えられます。

　もっとも、敷金に関する規律は任意規定であるため、当事者間で異なる合意をすることは否定されません（一問一答・328頁）。

(2)　敷金返還請求権の発生時期

　現行民法622条の2第1項は、敷金返還請求権の発生時期について、①賃貸借が終了し、かつ、賃貸物の返還を受けたとき（同項1号）、または、②賃借人が適法に賃借権を譲り渡したとき（同2号）、とする明文規定を設けました。

　上記①は、最判昭和48年2月2日民集27巻1号80頁等の判例法理（いわゆる明渡時説）を明文化したものであり、上記②は、最判昭和53年12月22日民集32巻9号1768頁等の判例法理を明文化したものです。

(3)　敷金の返還金額

　現行民法622条の2第1項は、「その受け取った敷金の額から賃貸借に基づいて生じた賃借人の賃貸人に対する金銭の給付を目的とする債務の額を控除した残額」について敷金返還請求権が発生するとし、従来の判例法理（前掲最判昭和48年2月2日）を明文化しました。

　賃貸借に基づいて生ずる賃借人の賃貸人に対する債務としては、賃料債務、賃貸借終了によって生じる原状回復債務、用法遵守義務違反による損害賠償債務などがあります（一問一答・328頁）。

(4)　敷金返還請求権発生前の効力

　現行民法622条の2第2項は、前段で、「賃貸人は、賃借人が賃貸借に基づいて生じた金銭の給付を目的とする債務を履行しないときは、敷金をその債務の弁済に充てることができる。」とし、後段で、「この場合において、賃借人は、賃貸人に対し、敷金をその債務の弁済に充てることを請求することができない。」と規定しています。

　そのため、敷金返還請求権の発生前に、賃借人の金銭債務（賃料等）の不履行が生じた場合、賃貸人からは敷金を債務の弁済に充当すること

が可能ですが、賃借人からは敷金を債務の弁済に充当することはできません。これは、従来の判例法理（大判昭和5年3月10日民集9巻253頁）や解釈を明文化したものです。

◀民　法▶

第4款　敷金

第622条の2　賃貸人は、敷金（いかなる名目によるかを問わず、賃料債務その他の賃貸借に基づいて生ずる賃借人の賃貸人に対する金銭の給付を目的とする債務を担保する目的で、賃借人が賃貸人に交付する金銭をいう。以下この条において同じ。）を受け取っている場合において、次に掲げるときは、賃借人に対し、その受け取った敷金の額から賃貸借に基づいて生じた賃借人の賃貸人に対する金銭の給付を目的とする債務の額を控除した残額を返還しなければならない。

一　賃貸借が終了し、かつ、賃貸物の返還を受けたとき。

二　賃借人が適法に賃借権を譲り渡したとき。

2　賃貸人は、賃借人が賃貸借に基づいて生じた金銭の給付を目的とする債務を履行しないときは、敷金をその債務の弁済に充てることができる。この場合において、賃借人は、賃貸人に対し、敷金をその債務の弁済に充てることを請求することができない。

3　条項例

旧民法では、敷金の定義や法律関係に関する明文規定はありませんでした。もっとも、ほとんどの賃貸借契約書において、従来の判例法理や解釈に沿った内容で敷金に関する条項が規定されていることが一般的でした。

今回の改正は、従来の判例法理や解釈を明文化したものですので、一般的な契約書を用いる場合には、改正による影響はありません。

一般的な条項例は、以下のとおりです。

【条項例】

（敷　金）

第○条　乙は、本契約から生じる債務の担保として、本契約締結と同時に、頭書に記載する敷金を甲に預け入れる。

2　乙は、本物件を明け渡すまでの間、敷金をもって賃料、共益費その他の債務と相殺をすることができない。

3　甲は、本物件の明渡しがあったときは、遅滞なく、敷金の全額を無利息で乙に返還しなければならない。ただし、甲は、本物件の明渡し時に、賃料の滞納、第○条に規定する原状回復に要する費用の未払いその他の本契約から生じる乙の債務の不履行が存在する場合には、当該債務の額を敷金から差し引くことができる。

4　前項ただし書の場合には、甲は、敷金から差し引く債務の額の内訳を乙に明示しなければならない。

（小峯健介・久保俊之）

③ 賃貸人の地位の移転による敷金の承継

1 旧民法の規定

　旧民法には、敷金について定義規定や敷金返還請求権の発生時期等の基本的な事項を定める規定や賃貸人の地位の移転に関する規定が存在しませんでした。

　そのため、賃貸人の地位が移転した場合における敷金の承継に関する規定も存在しませんでした。

2 現行民法の規定

　改正により、民法に敷金に関する規定（民法622条の2）が新たに規定されました（第Ⅱ章❷②参照）。また、賃貸人の地位の移転に関する規定（民法605条の2）、合意による賃貸人の地位の移転に関する規定（民法605条の3）が新たに規定されました（第Ⅱ章❸③参照）。

　上記にあわせて、不動産の賃貸人たる地位が移転した場合、賃貸人の敷金返還義務が当然に譲受人に承継されることが新たに規定されました（民法605条の2第4項。同条の3後段にて準用）。

　従来の判例法理（最判昭和44年7月17日民集23巻8号1610頁）が、①不動産の賃貸人たる地位の移転により敷金返還義務が当然に譲受人に承継される、②旧賃貸人に対する未払賃料債務等がある場合にはその分が敷金から当然に充当され、充当後の残額のみが譲受人に承継されるとしていました。民法605条の2第4項は、上記のうち①のみを明文化したものです。上記②の点については明文化されませんでしたので、今後も解釈に委ねられることになります。

━【民　法】━

（不動産の賃貸人たる地位の移転）

第605条の2　前条、借地借家法（平成3年法律第90号）第10条又は
　　第31条その他の法令の規定による賃貸借の対抗要件を備えた場合にお
　　いて、その不動産が譲渡されたときは、その不動産の賃貸人たる地位
　　は、その譲受人に移転する。

2　前項の規定にかかわらず、不動産の譲渡人及び譲受人が、賃貸人た
　　る地位を譲渡人に留保する旨及びその不動産を譲受人が譲渡人に賃貸
　　する旨の合意をしたときは、賃貸人たる地位は、譲受人に移転しない。
　　この場合において、譲渡人と譲受人又はその承継人との間の賃貸借が
　　終了したときは、譲渡人に留保されていた賃貸人たる地位は、譲受人
　　又はその承継人に移転する。

3　第1項又は前項後段の規定による賃貸人たる地位の移転は、賃貸物
　　である不動産について所有権の移転の登記をしなければ、賃借人に対
　　抗することができない。

4　第1項又は第2項後段の規定により賃貸人たる地位が譲受人又はそ
　　の承継人に移転したときは、第608条の規定による費用の償還に係る
　　債務及び第622条の2第1項の規定による同項に規定する敷金の返還
　　に係る債務は、譲受人又はその承継人が承継する。

（合意による不動産の賃貸人たる地位の移転）

第605条の3　不動産の譲渡人が賃貸人であるときは、その賃貸人たる
　　地位は、賃借人の承諾を要しないで、譲渡人と譲受人との合意により、
　　譲受人に移転させることができる。この場合においては、前条第3項
　　及び第4項の規定を準用する。

3　条項例

　前述のとおり、現行民法は、従来の判例法理のうち上記①のみを明文
化し、上記②は明文化されませんでしたので、上記②のような処理を企
図するのであれば、上記②の点も含めて契約条項に明文化しておくこと

が考えられます（【条項例１】参照）。

　また、上記②の処理とは異なり、旧賃貸人に対する未払賃料債務等があってもその分を敷金から充当することはせずに、例えば、旧賃貸人と新賃貸人間において別途精算することを合意することも可能です（【条項例２】参照）。

【条項例１】

（賃貸人の地位の承継による敷金の承継）

第○条　甲から第三者に対して賃貸人の地位が承継された場合には、当該第三者は、甲の乙に対する敷金返還義務を承継する。

２　前項の場合において、賃貸人の地位が承継される時点において乙の甲に対する未払債務が存在するときは、当該第三者は乙が甲に預け入れた敷金から当該未払債務を充当した残額の範囲で敷金返還義務を承継する。

【条項例２】

（賃貸人の地位の承継による敷金の承継）

第○条　甲から第三者に対して賃貸人の地位が承継された場合には、当該第三者は、甲の乙に対する敷金返還義務を承継する。

２　前項の場合において、賃貸人の地位が承継される時点において乙の甲に対する未払債務が存在したとしても、当該第三者は当該未払債務を充当せずに敷金返還義務を承継する。

（小峯健介・久保俊之）

2 保　証

① 賃貸借の保証

1　民法における個人保証

　保証は債権者にとっての債権担保手段のひとつとして、不動産賃貸借にあたっても重要な役割を果たしていますが、特に個人の保証の場合、保証人となる者は、主たる債務者との人的関係上十分な検討を行わないまま、保証契約を締結し、その結果、多大な責任を負担させられるといった弊害も指摘されていました。

　そこで、民法改正時に、保証人保護のための規律が各種設けられることになりました。

2　保証についての民法上の規律の概観

　保証人保護のための主だった民法上の規律を概観すると、不動産賃貸借との関係では、以下のとおりとなります。

(1)　個人根保証の規律

　一定の範囲に属する不特定の債務を主たる債務とする保証を根保証といいます。根保証は、保証人の負うべき責任の範囲が過大となるおそれがあるため、旧民法においても平成16年改正によって、貸金等の債務

を主たる債務とする個人による根保証については極度額を定めなければ無効とされていました。極度額を定めることにより、保証人が負うことになる責任の範囲に上限を設けて保証人の予測可能性の確保が可能となり、保証人の保護につながります。

　このような極度額制限の趣旨は貸金等根保証の場合に特有のものではありませんので、民法改正により、主債務の範囲に含まれる債務の種別を問わず、個人根保証全般について極度額の設定が求められることとなりました（民法465条の2第1項）。改正民法が施行された令和2年4月1日以降に締結される個人根保証契約は、極度額を定めておかなければ無効となります（民法465条の2第2項、附則21条1項反対解釈）。賃貸借契約においては、賃借人が負担すべき債務一切を個人が（連帯）保証する旨の条項は広く用いられているところですが、このような場合も根保証にあたるため、極度額を定める必要があります。

(2)　方式制限

　個人保証のうち、主たる債務が事業のための融資は高額となりがちであり、保証人にとって想定外の負担となるおそれがあります。そこで、民法は、いわゆる経営者保証の場合を除き、主たる債務を事業のために負担する貸金等債務とする個人保証は、保証人となろうとする者による保証債務を履行する意思が公正証書によって表示されている場合に限り有効とし、公証人を介した慎重な手続きを求めることによって、軽率な保証を防止することとしました（民法465条の6第1項）。かかる保証意思宣明公正証書については、法務省の令和元年6月24日付の通達により、公証事務の取扱いが定められています。[1]

　もっとも、不動産賃貸借契約における保証の場合、賃料債務とそれに関連する債務が主たる債務となるのが通常と思われます。そうすると、主たる債務がここにいう「貸金等債務」に該当しないため、かかる方式

---

[1]　民法の一部を改正する法律（債権法改正）の施行に伴う公証事務の取扱いについて
http://www.moj.go.jp/content/001301748.pdf

制限の対象とはなりません。なお、契約により賃借人が負担する債務に貸金等債務が含まれる場合には、方式制限の対象になります。

⑶　情報提供義務

　特に個人保証の場合に、保証人は主債務者の財産状況について十分な情報が与えられないまま保証契約を締結し、または主たる債務の履行が遅滞したような場合にもそのことが知らされないまま、保証人が不測の責任負担を余儀なくされるといった事態が生じがちです。そのため、民法は①保証契約締結時、②保証契約締結中及び③主たる債務につき期限の利益喪失の事態が生じた時の３つの場面において情報提供義務の規定を設けています。これらの情報提供義務については、第Ⅱ章❷③④で詳述します。

3　不動産賃貸借契約における保証契約と極度額の設定

　前述のように、不動産賃貸借契約において、賃借人の負担する債務一切の保証は広く用いられているところであり、このような保証は根保証に該当します（なお、このようなケースでは、連帯保証の方式が用いられることが多いと思われますが、以下、そのような場合も含めて「保証」と表記します）。

　そうすると、個人がこのような賃借人の債務一切を保証する場合は、極度額を定めなければ保証契約が無効となるため（民法465条の２第２項）、賃貸人においては特に注意を要します。

　問題となるのは、極度額の定めの具体的な内容です。極度額は、保証契約の時点で確定的な金額を定めておく必要があるため、具体的な金額をもって極度額とすることが望ましいものです。

　実務的には、極度額を「賃料○か月分」とすることも考えられますが、かかる記載だけでは確定的な金額とは言えず、保証契約が無効となり得ます。もっとも、当該契約書において月額賃料が具体的に記載され、極度額が確定できる場合には保証契約は有効と考えられます。また、極度額の規定ぶりが、保証契約締結後の賃料の変動に応じて極度額も変動す

る趣旨と解される場合には、極度額が確定されていないものとして、保証契約は無効と解さざるを得ないことには注意を要します（一問一答・135頁）。

　具体的な金額の設定としては、滞納賃料、明渡しを求めた場合に契約解除から明渡しまでに想定される損害等の額や、原状回復費用として見込まれる金額、預託を受けた敷金・保証金の金額を勘案して定めることになると思われます。なお、具体的に金額を定めていても、それが不相当に高額である場合には、公序良俗（民法90条）に反するものとして無効となる可能性があります。

　極度額設定を行う場合の条項例としては、以下が考えられます。

【条項例】

（連帯保証人）

第○条　○○（注　連帯保証人となる者）は、賃借人と連帯して、極度額○○円の範囲で、本契約から生ずる一切の債務（賃料、遅延損害金、原状回復費用、賃借人としての義務違反等に基づく遅延損害金等を含む一切の債務）を負担する。

（廣畑牧人・蔭山枝里奈）

② 契約が更新される際の保証人対応の例

1　契約の更新と保証契約の存続

　不動産賃貸借契約は更新を重ねて長期間継続することも多く、特に、借地借家法が適用される場合には、合意更新のみならず、法定更新によって必ずしも賃貸人が望まない場合にも賃貸借契約が継続することがあります。

　そのような場合に、賃借人の保証人の地位・責任が更新後も存続するか（別の言い方をすれば保証人は離脱をすることができるのか）ということについては、原則として更新後の賃貸借から生ずる賃借人の債務についても保証人の責任が及ぶものとされています（最判平成9年11月13日・判例時報1633号81頁）。

2　民法改正との関係

　現行民法では、個人による賃借人の負担すべき一切の債務の保証契約について、令和2年4月1日の施行後に締結されるものは極度額を定めなければ無効となります（民法465条の2第2項、附則21条1項反対解釈）。

　もっとも、前述のとおり、特に不動産賃貸借契約は更新が重ねられて契約が継続することがありますが、賃貸借の債務の保証契約が現行民法施行前に締結されたのち、施行後に賃貸借契約が更新される場合が多数あると考えられます。

　まず、現行民法施行前に賃貸人の負担すべき一切の債務につき保証契約が締結された場合は、附則21条1項により旧民法の規律によることになりますから、それが現行民法施行後まで存続する場合であっても現行民法の規律による必要はなく、極度額の設定がされていないことによ

り、現行民法施行前に締結された保証契約が無効となるものではありません。

　問題となるのは、現行民法施行前に賃貸借契約とこれに伴う保証契約が締結され、現行民法施行後に賃貸借契約が更新された場合における、現行民法の適用の有無と、保証契約の取扱いとして極度額を設定する必要があるかどうかという点です。

　賃貸借契約の更新は、①当事者の合意による場合と、②法律の規定に基づく場合がありますが、前者（①）の場合には、合意時に当事者間で更新後の契約に現行民法が適用されることへの期待があることから、更新後は新法が適用されると考えられます。後者（②）の例として、賃貸借期間満了後も賃借人が使用収益を継続し、賃貸人がこれを知りながら異議を述べないときに、従前と同一条件でさらに賃貸借をしたものと推定される場合がありますが（民法619条第1項）、かかる更新は、当事者の黙示の合意が根拠とされることから、現行民法が適用されると考えられます。他方で、借地借家法第26条による法定更新の場合には、当事者の意思に基づかずに契約が更新されたとみなされるものであることから、更新後も旧民法が引き続き適用されると考えられます。

　賃貸借契約に伴って締結される保証契約は、更新後の賃貸借契約にも及ぶとする判例（最判平成9年11月13日・判時1633号81頁）の立場からすると、賃貸借契約が現行民法施行後に更新されたとしても、保証契約には引き続き旧民法が適用されるものと考えられます。ただし、現行民法施行後に、新たに保証契約を締結したり、合意により保証契約を更新する場合には、現行民法が適用されることとなるため、極度額を設定する必要が生じます（一問一答・383頁）。

（廣畑牧人・蔭山枝里奈）

③　期限の利益を喪失した場合の通知

1　賃貸借契約における期限の利益

　賃料債務は、通常は毎月支払義務があり、期限の利益は問題になりません。賃貸借契約において期限の利益が問題になるものとしては、例えば、滞納賃料を分割払いにする場合や、原状回復費用を分割払いにする場合などがあり得ます。

2　旧民法の立場

　旧民法では、賃借人が期限の利益を喪失しても、賃貸人は保証人にその旨を通知する義務はありませんでした。そのため、保証人が知らないままに遅延損害金の額が増大する可能性がありました。

3　現行民法

　現行民法では、保証人の保護を図るため、主債務者である賃借人が期限の利益を喪失した場合には、債権者である賃貸人は、保証人（法人である場合を除く。以下同様。）に対し、その利益の喪失を知った時から2か月以内にその旨を通知する必要があり（民法458条の3第1項、第3項）、この期間内に通知が保証人に到達することが必要です（一問一答・133頁）。

　期間内にこの通知が到達しなかった場合には、賃貸人は、保証人に対し、賃借人の期限の利益の喪失時から現に通知をするまでに生じた遅延損害金（期限の利益を喪失しなかったとしても生ずべきものを除く。）について、保証債務の履行を請求することができません（同条2項）。

◀民　法▶

（主たる債務者が期限の利益を喪失した場合における情報の提供義務）

第458条の3　主たる債務者が期限の利益を有する場合において、その利益を喪失したときは、債権者は、保証人に対し、その利益の喪失を知った時から2箇月以内に、その旨を通知しなければならない。

2　前項の期間内に同項の通知をしなかったときは、債権者は、保証人に対し、主たる債務者が期限の利益を喪失した時から同項の通知を現にするまでに生じた遅延損害金（期限の利益を喪失しなかったとしても生ずべきものを除く。）に係る保証債務の履行を請求することができない。

3　前2項の規定は、保証人が法人である場合には、適用しない。

4　期限の利益を喪失した場合の通知

【書式例】

　私は、私と賃借人との間の○年○月○日付賃貸借契約に基づき賃借人が負う下記債務について、賃借人は○年○月○日、期限の利益を喪失したことを、保証人である貴殿に対し、本書面をもって通知します。

（稗田さやか）

④　情報提供義務

1　情報提供義務の新設

⑴　保証契約締結時の情報提供義務（民法465条の10）

　旧民法では、不動産賃貸借の賃借人は、保証人に保証契約の締結を委託する場合でも、保証人に対して、自己の信用情報を提供する義務はありませんでした。そのため、賃借人から、「迷惑をかけないので保証人になってほしい」と言われて、自分が保証債務の履行を求められる可能性を十分に理解しないまま保証契約を締結した保証人が、予想しなかった履行責任を負うという事態も散見されていました。

　現行民法では、事業用の不動産賃貸借契約の賃借人は、当該契約から生じる債務の保証を委託した場合、その保証人（法人である場合を除く。以下同様。）に対して、自己の信用情報（保証人が保証債務の履行を求められる可能性の予測に必要な事項に関する情報）を提供する義務を負います（民法465条の10第1項、第3項）。そして、①主債務者である賃借人が保証人に対して、これらの情報を提供しないか又は事実と異なる情報を提供したために、②保証人がこれらの事項について誤認したことにより保証契約を締結した場合には、③債権者である賃貸人が上記①を知っていたか又は知ることができたときは、保証人は当該保証契約を取り消すことができます（民法465条の10第2項）。

◀民　法▶

（契約締結時の情報の提供義務）

第465条の10　主たる債務者は、事業のために負担する債務を主たる債務とする保証又は主たる債務の範囲に事業のために負担する債務が含まれる根保証の委託をするときは、委託を受ける者に対し、次に掲げる事項に関する情報を提供しなければならない。

　　一　財産及び収支の状況
　　二　主たる債務以外に負担している債務の有無並びにその額及び履行
　　　状況
　　三　主たる債務の担保として他に提供し、又は提供しようとするもの
　　　があるときは、その旨及びその内容
　2　主たる債務者が前項各号に掲げる事項に関して情報を提供せず、又
　　は事実と異なる情報を提供したために委託を受けた者がその事項につ
　　いて誤認をし、それによって保証契約の申込み又はその承諾の意思表
　　示をした場合において、主たる債務者がその事項に関して情報を提供
　　せず又は事実と異なる情報を提供したことを債権者が知り又は知るこ
　　とができたときは、保証人は、保証契約を取り消すことができる。
　3　前2項の規定は、保証をする者が法人である場合には、適用しない。

(2)　保証契約締結後の情報提供義務（民法458条の2）

　旧民法では、賃貸借契約の保証人が賃貸人に対して、主債務者である
賃借人の賃貸借契約上の債務不履行の有無等の情報提供を請求する権利
は規定されていませんでした。そのため、保証人が知らないうちに、賃
借人が賃料等の債務を履行しないままとなり、長期間が経過して滞納賃
料や遅延損害金が増大し、保証人がこれらの債務の履行を求められると
いう事態も散見されました。

　現行民法では、保証人が不測の損害を被ることを防止するため、主債
務者である賃借人の委託を受けた保証人が債権者である賃貸人に対し
て、賃借人の債務の履行等に関する情報提供を請求できることを規定し
ています。保証人が請求したときは、賃貸人は、保証人に対し、遅滞な
く、賃借人の債務の不履行の有無、残額等の情報を提供する義務を負い
ます（民法458条の2）。

　もっとも、債権者である賃貸人がこの義務に違反した場合の具体的な
効果については定められていません。義務違反の程度によっては、保証
人は賃貸人に対して、債務不履行の一般原則に従い、損害賠償請求や保
証契約の解除をする余地があります。

◀民 法▶

（主たる債務の履行状況に関する情報の提供義務）

第458条の2 保証人が主たる債務者の委託を受けて保証をした場合において、保証人の請求があったときは、債権者は、保証人に対し、遅滞なく、主たる債務の元本及び主たる債務に関する利息、違約金、損害賠償その他その債務に従たる全てのものについての不履行の有無並びにこれらの残額及びそのうち弁済期が到来しているものの額に関する情報を提供しなければならない。

2 契約時の情報提供に関する条項例

事業用の不動産賃貸借契約の場合、賃借人が民法465条の10の情報提供義務に違反し、賃貸人がこれを知り又は知り得たときは、賃借人から委託を受けた保証人は保証契約を取り消すことができる可能性があるため、賃貸人は、保証人との保証契約締結時に、賃借人が保証人に対して同条の情報提供義務を果たしたことを確認する必要があります。

そこで、条項例2項、3項のように、連帯保証人が賃借人から情報提供を受けたことを確認するとともに、賃借人が賃貸人に対して情報提供義務を果たしたことを表明保証させることが望ましいでしょう。

【条項例】

1 連帯保証人は、賃借人と連帯して、本契約から生じる賃借人の債務を負担するものとする。

2 本契約が事業用の不動産賃貸借契約である場合、賃借人は、連帯保証人（法人の場合を除く。以下、本条について同じ）に対して保証委託をするにあたり民法465条の10第1項各号に定める下記情報を提供したこと、及び、連帯保証人に提供した当該情報が真実かつ正確であることを表明し保証する。

記

一 財産及び収支の状況

二　主たる債務以外に負担している債務の有無並びにその額及び
　　履行状況

三　主たる債務の担保として他に提供し、又は提供しようとする
　　ものがあるときは、その旨及びその内容3　連帯保証人は、賃
　　借人から保証委託を受けるにあたり前項の情報の提供を受けた
　　こと、及び、賃借人から提供された情報の内容を理解した上で
　　保証契約を締結することを確認する。

（稗田さやか）

③ 賃料債権の譲渡等

① 賃料債権を譲渡する意味

1　賃料債権の譲渡

　賃貸借契約は、継続的な契約ですので、未発生の賃料は将来債権となります。

　賃借人が居住するためにマンションの一室を賃貸人との間で賃貸借契約を締結したとします。この場合、賃貸人は賃借人に対し、マンションの一室に居住させる（使用させる）ことを約束し、賃借人はこれに対して賃料を支払うことを約束することになります。賃貸人が使用させることは賃貸人の債務となり、賃借人が賃料を支払うことは賃借人の債務となります。これらの債務は、賃貸借契約が終了するまでの間、負担し続けることになります。契約期間が2年間だとしても、定期借家契約ではないとすると、正当事由がない限り契約が更新されることが多いため、契約期間は長期間継続することとなります。

　この場合、賃料は、1か月分ずつ発生することが多いため、今月発生する賃料は1か月分にすぎず、来月以降の賃料は未だ発生していないものになりますが、賃貸借契約が終了しない限り、賃料が発生することになるため、将来的な賃料は、賃貸人からみると将来債権となります。

2　旧民法の立場

　旧民法では、将来債権の譲渡については、条文上の規定がありませんでした。

　しかし、判例では、債権の目的が特定されていることを前提に将来債権の譲渡の有効性を判断していました。なお、判例では、債権の目的が特定されているものであっても、契約締結当時の事情によっては、右契約の効力が公序良俗に反するなどとして否定され、無効となる場合があることも示唆されていました（最判平成11年1月29日民集53巻1号151頁）。

　また、判例は、将来債権譲渡の取得時について、目的とされた債権が将来発生したときに譲受人が債権を取得するとしていました（最判平成13年11月22日民集55巻6号1056頁）。

3　現行民法のもとでの将来債権譲渡

(1)　将来債権譲渡の明文化

　現行民法では旧民法での判例法理を踏まえ、将来債権譲渡の有効性を明文化しました。

　なお、民法466条の6第1項の明文には規定されていないものの、公序良俗に反する場合には無効となるなど、一般条項による限界があることは当然のことですので、判例法理を変更したものではありません。

(2)　債権の取得時の明文化

　また、債権取得時についても判例法理を明文化しました。将来債権は、未だ発生していない債権ですので、民法466条の6第2項では、「譲受人は、発生した債権を当然に取得する」として、債権取得時についての判例法理を明文化しています。

(3)　対抗要件

　民法466条の6第3項では、対抗要件を具備した将来債権譲渡の譲受

人に対して、その後に付された譲渡制限特約は対抗できないことを規定しています。

　対抗要件を先に備えた譲受人を保護するために、債務者はその後に譲渡制限特約を付しても、それを譲受人に対抗することができないとする趣旨です。

◀民　法▶

第466条の6　債権の譲渡は、その意思表示の時に債権が現に発生していることを要しない。

2　債権が譲渡された場合において、その意思表示の時に債権が現に発生していないときは、譲受人は、発生した債権を当然に取得する。

3　前項に規定する場合において、譲渡人が次条の規定による通知をし、又は債務者が同条の規定による承諾をした時（以下「対抗要件具備時」という。）までに譲渡制限の意思表示がされたときは、譲受人その他の第三者がそのことを知っていたものとみなして、第466条第3項（譲渡制限の意思表示がされた債権が預貯金債権の場合にあっては、前条第1項）の規定を適用する。

⑷　賃料債権を譲渡することの意味

①　メリット

　将来債権譲渡が明文で認められた現行民法の下では、不動産賃貸借において将来発生する賃料を譲渡することが促進される可能性があります。

　例えば、不動産賃貸借の貸主が金融機関から融資を受けたいと考えた場合、将来発生する賃料債権を譲渡することで融資を受けることが考えられます。つまり、将来債権を担保に融資を受けやすくなる可能性があります。

　もちろん、旧民法の下でも将来債権譲渡が認められていましたし、現行民法では、上記のように判例を明文化する抽象的なルールについて規定されるにとどまりましたので、実務に大きく影響を与えるものではありません。

しかし、将来債権譲渡が明文化されたことで、将来債権譲渡が正面から認められたわけですから、上記のように担保としての将来債権譲渡が増えて行く可能性はあります。

② **デメリットはないのか**

デメリットも考えなければなりません。賃料債権譲渡が行われても、賃貸人たる地位は賃貸人に残ったままとなりますので、賃貸人たる地位を有する者と賃料債権を受領する者が分離されることになります。そうすると、これによって、不動産の円滑な流通が害される可能性は否めません。不動産の取引においては、不動産登記という公示制度が整備されているにも関わらず、将来発生する賃料債権の譲渡についての公示が不十分であるため、収益を取得できない不動産であることを知らずに取引が行われるおそれがあります。

例えば、甲建物について、賃貸人A、賃借人B、賃料の譲受人C、そして、甲建物をAから購入した者をDとする事案を考えてみます。Dは、自ら甲建物の賃貸人となり、Bから賃料を受領するつもりで甲建物を購入したとします。このとき、Aが賃料債権はすでにCに譲渡していることをDに伝えていれば問題は生じませんが、Aが何も伝えていなかった場合、DはCに賃料債権が譲渡されていることを知る術がありません。将来債権譲渡の対抗要件も債務者に対する通知又は承諾とされましたので、Dは登記などで賃料債権の譲渡の有無を確認することができないからです（第Ⅱ章❸３参照）。

もちろん、DはAに損害賠償請求や甲建物の売買契約自体の無効や取消、解除を主張することは考えられます。しかし、Aに資力がなければDは売買代金を回収することはできず、Dの利益が害されることになってしまう可能性があります。そのため、不動産を取引する際は、賃料債権の帰属についてもきちんと確認しておく必要があります。

（角田智美）

② 譲渡制限特約の条項

1　譲渡制限特約

　旧民法では、債権は自由に譲り渡すことができるとされていましたが（旧民法466条1項）、一方で、当事者が反対の意思を表示した場合、すなわち、譲渡禁止特約を付した場合には、適用しないとも規定されていました（旧民法466条2項）。

　この譲渡禁止特約について通説は、特約に違反した譲渡の効力を第三者に対して対抗することができないだけではなく、債権の譲渡性を物権的に奪うものであって、譲渡当事者間においても無効と解釈されていました（我妻栄『債権総論』1964年岩波書店・524頁）。このような立場を物権的効力説といいます。なお、物権的効力説の立場であっても、善意無重過失者に対する譲渡については、この特約を対抗できない結果として譲渡が有効になると解釈されていました。判例は明確な解釈を示さないものの、物権的効力説を前提にしていると解釈されていました（最判昭和52年3月17日民集31巻2号308頁）。

　もっとも、判例では、悪意の譲受人に対する債権譲渡について債務者が承諾を与えた場合、当該譲渡は譲渡の時に遡って有効となるが、民法116条の法意に照らし、第三者の権利を害することができないと判断されたもの（最判平成9年6月5日民集51巻5号2053頁）、譲渡人は譲渡禁止特約の存在を理由とする債権譲渡の無効を主張する独自の利益はなく、譲渡人が無効を主張することは許されないと判断されたもの（最判平成21年3月27日民集63巻3号449頁）があり、物権的効力説の立場と矛盾するかのような判断もなされてきました。

2 旧民法の立場

　旧民法の立場では、上記のとおり譲渡禁止特約が付された場合、この特約に反する譲渡は譲渡当事者間においても無効と解釈されていましたが、この物権的効力説に対する問題点が指摘されるようになりました。それに伴い、判例も上記のように物権的効力説の立場と矛盾するかのような判断がなされるようになりました。

　確かに、譲渡禁止特約は、譲渡に伴う手続きの煩雑さを回避し、過誤払いを防止するとともに、反対債権による相殺の機会を確保する債務者の利益を保護するために重要な意義を有するものでもあります。

　しかしながら、譲渡禁止特約は、交渉力の点で優位な立場にある強い債務者が自己の利益を守るものとして利用されていることが多く、弱い立場の債権者が債権譲渡による資金調達をする機会が奪われている状況がありました。

3 現行民法のもとでの譲渡制限特約

(1) 譲渡制限特約

　現行民法では「当事者が債権の譲渡を禁止し、又は制限する旨の意思表示をしたときであっても、債権の譲渡は、その効力を妨げられない」とし、譲渡制限特約が付された債権譲渡であっても有効であることを明示し、物権的効力説を採用しないことを明確にしました。つまり、譲渡制限特約が付されていても、債権譲渡がなされれば、債権者は譲受人となり、譲渡人ではないことになります。このような立場を債権的効力説ないし相対的効力説といいます（潮見佳男『民法（債権関係）改正法の概要』2017年きんざい・149頁）。

　なお、旧民法の下では、譲渡禁止特約と称されていましたが、改正法では、「債権の譲渡を禁止し、又は制限する旨の意思表示」のことを譲渡制限の意思表示と明記しましたので、譲渡禁止特約ではなく譲渡制限特約と称されることになります。

◀ 民　法 ▶

第466条　債権は、譲り渡すことができる。ただし、その性質がこれを許さないときは、この限りでない。

2　当事者が債権の譲渡を禁止し、又は制限する旨の意思表示（以下「譲渡制限の意思表示」という。）をしたときであっても、債権の譲渡は、その効力を妨げられない。

（以下省略）

（角田智美）

③ 債権譲渡通知

1 旧民法の立場

　旧民法では、債権譲渡がなされた場合、債務者にインフォメーションセンターとしての役割を果たさせるため、債権譲渡についての債務者への通知又は債務者の承諾が対抗要件とされていました。そして、この通知又は承諾については確定日付ある証書によらなければ第三者に対抗することができませんでした（旧民法467条）。

　これについては、債務者には第三者からの照会に対して回答する義務があるわけではなく、債務者が真実の回答をしなければ制度が機能しないなどの問題点や、二重譲渡の場合の優劣の基準については、通知又は到達の先後を基準としていたため確定日付を要求する意義が乏しいことや、債務者が通知の先後を正確に把握した上で弁済相手を判断することになり、債務者に過度な負担を負わせているなどの問題点も指摘されていました。このほか、債務者は債権者にとって取引先ということも多く、そのような取引先に通知しなければならないことで、債権者の信用不安を招いてしまうことなども指摘されていました。

2 民法の下での債権譲渡の通知

　現行民法では、上記の問題点を踏まえ、対抗要件制度の抜本的な見直しが議論されましたが、結果的には旧民法467条の規律を維持した上で、将来債権譲渡の場合も旧民法と同様の対抗要件制度とすることが規定されました。

　そのため、実務に対する影響はほとんどありません。

┫民　法┣

（債権の譲渡の対抗要件）

第467条　債権の譲渡（現に発生していない債権の譲渡を含む。）は、譲
　　渡人が債務者に通知をし、又は債務者が承諾をしなければ、債務者そ
　　の他の第三者に対抗することができない。

2　前項の通知又は承諾は、確定日付のある証書によってしなければ、
　　債務者以外の第三者に対抗することができない。

（角田智美）

4 債権譲渡の履行拒絶通知

1 旧民法の立場

　旧民法では、譲渡禁止特約が付された債権について、特約に反し譲渡した場合には、債権譲渡当事者間においても無効と解釈されていました（第Ⅱ章❸②参照）。

　そのため、旧民法では、債務者は、譲渡禁止特約の存在について悪意重過失の譲受人に対しては、債権譲渡の無効を主張することができますので、当然、譲受人からの請求を拒むことができました。

2 民法のもとでの請求拒絶の方法

　現行民法は、譲渡制限特約が付された債権について、特約に反し譲渡された場合であっても、有効であることを明示しました（❸②参照）。

　この立場からは、債務者は譲渡制限特約の存在を知っている譲受人に対しても、債権譲渡の無効を主張することができず、譲受人からの請求を拒むことができないことになってしまいます。

　そこで現行民法は、債務者の弁済先を固定する利益（譲渡人のみに弁済すれば足りる）を保護するために、債務者は、譲渡制限特約の存在を知っている（悪意）か、又は、重大な過失によって知らなかった譲受人その他の第三者に対しては、債務の履行を拒絶することができ、かつ、譲渡人に対する弁済等の債務消滅をもって免責を主張できるものとしました（民法466条3項）。

◀民　法▶

（債権の譲渡性）

第466条

3　前項に規定する場合には、譲渡制限の意思表示がされたことを知り、

又は重大な過失によって知らなかった譲受人その他の第三者に対しては、債務者は、その債務の履行を拒むことができ、かつ、譲渡人に対する弁済その他の債務を消滅させる事由をもってその第三者に対抗することができる。

（角田智美）

⑤　デッドロック回避通知

1　旧民法の立場

　旧民法では、譲渡禁止特約が付された債権について、譲渡禁止特約に反し債権譲渡した場合には、債権譲渡の当事者間においても無効と解釈されていました（第Ⅱ章❸②参照）。

　そのため、旧民法では、譲渡禁止特約に反する債権譲渡がなされた場合であっても、債務者は、譲渡人に弁済することができますし、譲渡人も債務者に対し債務の弁済を請求することができました。

2　民法のもとでの請求拒絶の方法

　現行民法では、譲渡制限特約が付された債権について、特約に反し譲渡された場合であっても、有効であることを明示しました（第Ⅱ章❸②参照）。

　そして、その不都合を回避するために、譲渡制限特約の存在を知っている（悪意）か、又は、重大な過失によって知らなかった譲受人その他の第三者に対して、債務者は、債務の履行を拒絶することができることも規定されました（第Ⅱ章❸④参照）。

　そうすると、譲渡制限特約違反の債権譲渡があった場合、債権譲渡自体は有効ですので、債務者は譲渡人からの請求を拒むことができます。同時に、悪意重過失の譲受人に対しても、債務の履行を拒絶することができてしまいます。このように、民法の立場からは、債務者が結局のところ、譲渡人、譲受人双方に支払わないという自体が生じてしまう可能性があります。

　そこで現行民法には、このような一種のデッドロック状態を解消するための手段も合わせて明記しました。債務者がどちらにも履行をしない

場合には、譲渡禁止特約について悪意重過失の譲受人から債務者に対し、譲渡人への履行を催告する特別の催告権を付与し、債務者が催告を受けたにも関わらず譲渡人への履行をしないときは、債務者は譲受人からの請求を拒むことができなくなります。

◀民　法▶

（債権の譲渡性）

第466条

4　前項の規定は、債務者が債務を履行しない場合において、同項に規定する第三者が相当の期間を定めて譲渡人への履行の催告をし、その期間内に履行がないときは、その債務者については、適用しない。

（角田智美）

⑥　供託請求権の通知

1　旧民法の立場

　旧民法の供託事由としては「弁済者が過失なく債権者を確知することができないとき」いわゆる債権者不確知が挙げられていました（旧民法494条）。

　譲渡禁止特約に違反して債権譲渡がなされた場合、その債権譲渡は無効となりますが、譲受人が善意無重過失の場合には、例外的に有効になるとするのが通説の立場でした（第Ⅱ章❸②参照）。

　もっとも、債務者において、譲受人が悪意重過失であるかどうかを判断することができない場合もあります。このとき、債権譲渡が有効であることを前提に譲受人が債権者となるのか、それとも債権譲渡が無効であることを前提に譲渡人が債権者になるのか、債務者が判断することは困難な場合もあります。

　そこで、旧民法下の実務では、債権者不確知の場合に当たるとして、債務者は債権者不確知を原因とする供託をすることができるとされていました。

2　民法の下での供託

⑴　債務者からの供託

　現行民法では、譲渡制限特約に違反する債権譲渡であっても有効であることが前提とされています（第Ⅱ章❸②参照）。つまり、債務者にとって、債権者不確知の状態にはならないことになります。債務者としては、譲受人を債権者として弁済すれば足りますので、債権者不確知を理由とする供託ができなくなると考えられます。

　しかしながら、譲受人が譲渡制限特約について悪意重過失の場合には、

債務者保護の観点から、債務者は譲渡人に弁済をすることで免責されます。債務者が譲渡人に弁済しようとした場合に免責を受けられるかは、譲受人の主観に関わるため、債務者が誰を弁済の相手方とするかの判断に迷うという状況は、改正前の状況と変わりません。この場合には、債務者に供託する権利を認める必要があります。

　そこで、現行民法では、債務者の供託が可能であることを明確に規定しました（民法466条の2）。なお、債務者が供託した場合には、債務者は譲渡人と譲受人の双方に、遅滞なく供託の通知をしなければなりません。また、供託金の還付を受けられるものは、譲受人に限られ、譲渡人は還付を受けられないことも明確に規定されました。

◀ **民　法** ▶

（譲渡制限の意思表示がされた債権に係る債務者の供託）

第466条の2　債務者は、譲渡制限の意思表示がされた金銭の給付を目的とする債権が譲渡されたときは、その債権の全額に相当する金銭を債務の履行地（債務の履行地が債権者の現在の住所により定まる場合にあっては、譲渡人の現在の住所を含む。次条において同じ。）の供託所に供託することができる。

2　前項の規定により供託をした債務者は、遅滞なく、譲渡人及び譲受人に供託の通知をしなければならない。

3　第1項の規定により供託をした金銭は、譲受人に限り、還付を請求することができる。

---

(2)　譲受人からの供託請求権

　現行民法は、債権の譲渡人について破産手続開始決定があったときは、譲受人は、譲渡制限特約について悪意重過失があっても、債務者にその債権の全額に相当する金銭を供託させることができると規定しました（民法466条の3）。

　譲渡人の破産手続が開始された後、債務者が破産管財人に債務を弁済した場合、譲受人は破産財団に対して、弁済金の引渡請求権を有することになりますが、財団不足の場合には全額が譲受人に引き渡されるとは

限りません。そのため、譲受人の保護を図るため、譲受人に事前に供託を請求できる権利を与えました。

　この規定が新設されたことにより、譲受人から供託請求をなされた債務者は、譲受人の悪意重過失を理由に弁済を拒み、破産管財人（譲渡人）に弁済することができないということになります。仮に債務者が破産管財人（譲渡人）に弁済してしまった場合には、その弁済は譲受人に対抗することはできません。また、旧民法の下では、債務者は譲渡人の破産管財人に対して取得した反対債権を譲渡債権と相殺することができましたが、現行民法の下では、供託請求後に破産管財人に対して取得した反対債権を譲渡債権と相殺しても、原則として譲受人に対抗することができなくなります。これらの点で実務に影響があるので注意が必要です。

◢◣ 民　法 ◢◣

（債権の譲渡性）

第466条の3　前条第1項に規定する場合において、譲渡人について破産手続開始の決定があったときは、譲受人（同項の債権の全額を譲り受けた者であって、その債権の譲渡を債務者その他の第三者に対抗することができるものに限る。）は、譲渡制限の意思表示がされたことを知り、又は重大な過失によって知らなかったときであっても、債務者にその債権の全額に相当する金銭を債務の履行地の供託所に供託させることができる。この場合においては、同条第2項及び第3項の規定を準用する。

（角田智美）

⑦　併存的債務引受

　併存的債務引受とは、引受人が、債務者と連帯して、債務者が債権者に負担する債務と同一の内容の債務を負担することをいいます。

　民法は、併存的債務引受の要件及び効果について以下のとおり明文化しました。

◀民　法▶

（併存的債務引受の要件及び効果）

第470条　併存的債務引受の引受人は、債務者と連帯して、債務者が債権者に対して負担する債務と同一の内容の債務を負担する。

2　併存的債務引受は、債権者と引受人となる者との契約によってすることができる。

3　併存的債務引受は、債務者と引受人となる者との契約によってもすることができる。この場合において、併存的債務引受は、債権者が引受人となる者に対して承諾をした時に、その効力を生ずる。

4　前項の規定によってする併存的債務引受は、第三者のためにする契約に関する規定に従う。

　まず、効果に関し、併存的債務引受に基づき引受人が負担する債務と債務者が負担している債務との関係について、同一の債務を負担するものとして、連帯債務の関係に立つことになります。この点については、不動産実務に直ちに大きな影響を与える規律ではないと思われますが（具体的には、賃料債務や敷金返還債務などの不動産賃貸借に関係する金銭債務について併存的債務引受を実施する場合においても、特別の条項を設けることは必須ではないと思われます。）、連帯債務が生じる可能性があることを前提として、連帯債務の規律についても、相対効の範囲を適切に把握しておくことが必要です。

　成立要件については、債権者・債務者・引受人の三者間での契約によることが原則です。しかし、債権者と引受人との間の契約（民法第470条第2項）や、債務者と引受人の間の契約（民法第470条第3項第一文）によることも可能とされています。この点についても、不動産実務に直ちに大きな影響を与える規律ではないと考えられますが、債務者と引受人の契約による場合においては、債権者から引受人となる者に対する承諾を要することが明記されていることには留意が必要です。

　なお、以上の要件及び効果のほか、併存的債務引受が行われた場合における引受人の抗弁の主張の可否等についてもルールが整備されています（民法471条）。

（高松志直）

⑧　免責的債務引受

　免責的債務引受とは、引受人が、債務者が債権者に負担する債務と同一の内容の債務を負担し、債務者は自己の債務を免れることになるものをいいます。

　現行民法は、免責的債務引受の要件及び効果について以下のとおり明文化しました。

◀民　法▶

（免責的債務引受の要件及び効果）

第472条　免責的債務引受の引受人は債務者が債権者に対して負担する債務と同一の内容の債務を負担し、債務者は自己の債務を免れる。

2　免責的債務引受は、債権者と引受人となる者との契約によってすることができる。この場合において、免責的債務引受は、債権者が債務者に対してその契約をした旨を通知した時に、その効力を生ずる。

3　免責的債務引受は、債務者と引受人となる者が契約をし、債権者が引受人となる者に対して承諾をすることによってもすることができる。

　まず、効果に関し、①債務者の債務と同一内容の債務を引受人が負担することと、②債務者は自己の債務を免れることが明確化されています。この点については、不動産実務に直ちに大きな影響を与えるものではないと思われますが、免責的債務引受の効果に関するルールが明確に規定されていることには注意が必要です。

　成立要件については、債権者・債務者・引受人の三者間での契約によることが原則です。しかし、債権者と引受人の間の契約（債務引受の合意と債務者の免責合意を併せた契約）によることも可能です（民法472条2項第1文）。この場合、当該契約の成立に加え、債権者が債務

者に対して当該契約が成立したことを通知することが必要とされています（民法472条2項第2文）。また、債務者と引受人との間の契約（債務引受の合意と債務者の免責合意を併せた契約）によることも可能です（民法472条3項前段）。この場合、債権者から引受人となる者に対する承諾が必要とされています（民法472条3項後段）。

　なお、免責的債務引受に関する引受人の求償権が当然には発生しないことも規定されています（民法472条の3）。他方で、免責的債務引受の対価に関する合意を別途締結することは認められるものと解されています。これまでも、実務上は免責的債務引受の対価の合意を債務引受に関する契約等に盛り込むことが一般的であったと思われますが、民法の免責的債務引受に関するルールとの関係も踏まえ、当該合意を盛り込むことを失念しないように留意する必要があります。また、賃料債務や敷金返還債務などの不動産実務に関係する金銭債務の免責的債務引受を実施する場合、仮に債権者と引受人との間の契約によって免責的債務引受を実施するときには、通知条項による通知対応が必要となります。仮に債務者と引受人との間の契約によって免責的債務引受を実施するときには、債権者における承諾対応が必要となります。

　なお、以上のルールのほか、免責的債務引受が行われた場合における引受人の抗弁の主張の可否や担保の取扱い等についてもルールが規定されています（民法472条の2及び472条の4）。

（高松志直）

賃料債権の管理

① 消滅時効（不動産賃貸借関係）

1　消滅時効の意義

　債権は、権利を行使しないまま一定期間が経過することで消滅します。これを消滅時効といいます。

　消滅時効は、①長期間にわたって権利が行使されなかったという事実状態を尊重し、その事実状態を法的権利としても認めることにより法律関係の安定を図ること、②長期間の経過により証拠（例えば、支払済みの領収書等）が散逸するおそれがあるため、過去の事実の立証の困難から債務者を解放すること、③「権利の上に眠る者は保護に値せず」との考え方などが存在理由であると言われています。

　他方で、権利の行使などの事由が生じると、時効期間の進行がリセットされたり、時効期間の進行に影響を与えたりします。これを、消滅時効の「障害事由」といいます。

2　消滅時効に関する規定

⑴　消滅時効の起算点と期間

①　消滅時効の起算点（原則）

　民法は「債権者が権利を行使することができることを知った時から5

年間」（民法166条1項1号）又は「権利を行使することができる時から10年間」で時効消滅すると規定しています（同項2号）。同一の権利について、起算点の異なる時効がそれぞれ進行することになります。前者は、債権者が「知った時」という主観的な時期を時効の起算点としているところ、契約に基づく債権は、特に確定期限を定めているようなときは、その履行時期を債権者が知っているのが通常であり、また、債務不履行に基づく損害賠償請求権も本来の債務の履行を請求し得る時から進行するという判例（最高裁平成10年4月24日判例時報1661号66頁）があるため、契約に関する債権の消滅時効期間は、基本的に5年で処理されるものとみて対応すべきといえます（一問一答57頁、58頁）。

② **消滅時効の起算点（不法行為による損害賠償請求権）**

契約以外の債権のうち、不法行為による損害賠償請求権については、別途規定が設けられています。民法は、不法行為による損害賠償請求権は「損害及び加害者を知った時から3年間」又は「不法行為の時から20年間」で、消滅時効が完成するとしています（民法724条）。これらの起算点や期間は、後者の20年間について、旧民法では時効の中断等の認められない除斥期間であるとされていたところ、現行民法では時効であると明記されました（一問一答63頁、64頁）。

③ **生命身体侵害による損害賠償債権の消滅時効期間**

民法は、生命身体侵害による損害賠償債権について、生命又は身体の侵害による損害賠償請求権の消滅時効期間を、知った時から「5年間」、権利発生の時あるいは不法行為の時から「20年間」としています（民法167条、724条の2）。

④ **短期消滅時効規定の撤廃**

職業別の短期消滅時効規定（旧民法170条〜174条）、買主の権利に関する期間制限規定（旧民法564条、566条3項）、商事消滅時効（商法522条）を削除し、複雑になっていた短期消滅時効を撤廃しました（一問一答53頁、54頁）。また、定期給付債権についての特則（旧民法169条）も民法166条によって処理することで足りるため廃止されています（一問一答59頁）。

(2)　時効の更新、完成猶予

　旧民法では、これまで請求等により時効期間がリセットされ、当該事由の終了から新たに時効の進行が開始することを「中断」と呼んでいたものを、時効の「更新」と名称が変更になりました。また、未成年者や成年被後見人に法定代理人がいないときなど、その期間中に時効は完成しないことを、時効の停止と呼んでいましたが、これを時効の「完成猶予」と呼ぶことになりました。

　時効の「更新」事由としては、「裁判上の請求等」と明記され、実務に合わせるかたちとなりました。また、旧民法では中断事由であった「仮差押え等」については、権利が確定する手続きではないこと等から、時効の完成猶予事由にされました。また、時効の完成猶予と更新の関係についても整理した規律となっています（民法147条以下）（一問一答44頁〜48頁）。

(3)　協議による時効完成猶予の新設

　現行民法では、債権について、当事者間で協議を行う旨の合意がなされたときは、一定期間は時効が完成しないとする、協議により時効完成の猶予が新たな制度として設けられました（民法151条）。この合意は、書面（又はメール等の電磁的記録）で行わなければならず、合意があった時から1年を経過した時まで時効は完成しません（同条1項1号）。また、その合意において協議期間を定めることもできますが、その協議期間は1年に満たない期間である必要があります（同条1項2号）。さらに、協議期間中に再度の合意をすることはできますが、協議の延長により時効完成を猶予できるのは、最長5年間とされています（同条2項）。

　なお、旧民法下の催告の制度は，時効の完成猶予制度としてそのまま維持されていますが（民法150条）、協議による時効完成猶予の制度と催告による時効完成猶予とを併用することは認められていません（民法151条3項）ので注意が必要です（一問一答50頁）。

3　不動産賃貸借契約に関する時効期間の留意点

　民法上、契約に基づく債権の消滅時効期間は基本的に５年として処理されることになります。旧民法においては、賃料債権は定期給付金債権（旧民法169条）として５年の時効期間として処理されていましたが、賃料債権を含む契約に基づく債権の消滅時効の期間が５年であることから、旧民法169条が廃止されたことによる実務上の影響はないでしょう。

　なお、賃借人の用法違反に基づき賃貸人が取得する損害賠償請求権及び賃借人の賃貸人に対する費用償還請求権の権利行使期間については、賃貸人が目的物の返還を受けたときから１年を経過するまでは消滅時効は完成しないものとされています（民法622条、600条２項）。

4　消滅時効に関する条項例（協議を行う旨の合意書）

　当事者の協議による完成猶予は、書面（又はメール等の電磁的記録）で合意することが必要です。具体的には、以下のように、契約内容あるいは債権の内容を明記したうえで、協議期間を明らかにすることが必要です（なお、協議期間を定めない場合は、合意のときから１年を経過するときまで時効完成が猶予されます）。なお、協議中に時効期間が完成しないことは合意書に記載する必要はありませんが、確認のため記載したほうが無難と思われます。

合　意　書（例）

　甲及び乙は、本合意書第１条に記載する賃貸借契約に基づく賃料債権に関し、本日、以下のとおり合意した。

第１条　賃貸借契約の表示

　　　　契約日　令和　　年　　月　　日

　　　貸　主　甲

　　　借　主　乙

　　　目的物　下記不動産

記

所　　在
地　　番
地　　積
地　　目

第2条　協議

　甲及び乙は、本日から6か月経過するまで、本件契約に基づく権利に関する協議を行う。

第3条　時効完成の猶予

　甲及び乙は、本合意により、本件契約に基づく債権の消滅時効が、本日から6か月経過するまで（令和○○年○○月○○日まで）完成しないことを相互に確認する。

第4条　再度の合意

　甲及び乙は、前条の期間満了の1か月前までに（令和○○年○○月○○日までに）協議が整わなかったときは、前条の期間満了前に、再度の協議期間を設けるための合意をするか否かについても協議するものとする。

（伊藤献・高橋辰三）

② 多数当事者の債権関係の相対効

1 賃貸借における連帯保証

賃貸借契約に基づき賃貸物件を賃借する際、賃貸人から連帯保証人を求められる場合があります。この場合、賃借人が個人の場合にはその親族など賃借人と人的関係の緊密な個人が連帯保証人となるパターンのほか、業として賃料の保証を行う家賃保証会社など賃借人と人的関係が緊密ではない法人が連帯保証人となるパターンなどもあります。

本項目においては、賃貸人の立場から、連帯保証人が存在する場合における賃料債権の消滅時効の管理への影響について説明します。

2 履行の請求

(1) 賃借人（主債務者）に対する履行の請求

主債務者である賃借人について生じた事由は、すべて連帯保証人にその効力が生じます（民法457条1項）。そのため、賃貸人が主債務者に対して賃料債務について履行の請求をした場合には、主債務である賃料債務について時効の完成猶予及び更新の効力が生じることはもちろんのこと、保証債務についても時効の完成猶予及び更新の効力が生じます。

(2) 連帯保証人に対する履行の請求

連帯保証人について生じた事由の効力は連帯債務の規定を準用しているところ（民法458条）、連帯債務者の一人について生じた事由については、当事者間に別段の意思表示（合意）がない限り、相対的効力のみを有します（民法441条）。

そのため、賃貸人と主債務者との間で別段の合意をしない限り、ある連帯保証人に対する履行の請求は、主債務者に効力を及ぼすことはあり

ません。そのため、例えば、主債務者である賃借人が行方不明となった場合、賃貸人が連帯保証人に対して履行の請求をしたとしても、賃借人が負担する主債務について時効の完成猶予又は更新の効力が及ばないことにより、主債務について消滅時効期間が経過することになりかねず、その結果、連帯保証人が主債務の時効の完成を援用することにより保証債務が消滅するなどして、賃貸人が不利益を受ける可能性があります。

　また、連帯保証人が複数いる場合には、賃貸人と連帯保証人との間で別段の合意をしない限り、ある連帯保証人に対する履行の請求は、他の連帯保証人に効力を及ぼさないことになります。

∥3　時効の完成

⑴　賃料債務（主債務）についての時効の完成

　時効の完成により主債務が消滅した場合、保証債務についても消滅することになります（付従性）。

⑵　保証債務についての時効の完成

　連帯保証人について時効が完成した場合、主債務者に時効の完成の効力は及びません（民法441条）。この場合、保証債務は時効により消滅するものの、主債務が残るため、賃借人の資力を重視する債権者にとってことさらに不利益が生ずることにはなりません。

∥4　絶対的効力に関する条項例

　以上のとおり、賃貸人について、時効管理の関係では、連帯保証人に対する履行の請求が相対的効力であるがゆえに不利益を受けるおそれがあるため、このような不利益への手当てを中心にして条項例の検討を加えます。

⑴　連帯保証人が一人の場合

　連帯保証人が一人の場合における賃貸借契約の時効管理を念頭におくと、連帯保証人に対する履行の請求について、主債務者に対して絶対的

効力を生じさせるためには、賃貸人と主債務者との間の賃貸借契約において、「別段の意思表示」(民法441条ただし書)として、以下の条項を置くことが必要になります(甲を賃貸人、乙を賃借人とします。以下同様です。)。

【条項例1】

(連帯保証人について生じた事由)

第○条　甲が本契約に係る連帯保証人の一人に対して履行の請求をした場合には、乙に対してもその効力が生じるものとする。

---

(2) 連帯保証人が複数の場合

上記(1)に加えて、連帯保証人が複数の場合には、ある連帯保証人に対する履行の請求について主債務者及び他の連帯保証人に対して絶対的効力を生じさせるためには、賃貸人と賃借人及び連帯保証人との間の契約において、以下の条項を置くことが必要になります。

【条項例2】

(連帯保証人について生じた事由)

第○条　甲が本契約に係る連帯保証人の一人に対して履行の請求をした場合には、乙及び履行の請求を受けた連帯保証人以外の連帯保証人に対してもその効力が生じるものとする。

---

(3) 絶対的効力事由を拡張する場合

民法441条は任意規定と解されていることからすると、連帯保証人に対する履行の請求に加えて、連帯保証人の一人について生じた時効の完成猶予又は更新の効果をすべて絶対的効力にすることができるとの理解もありそうです。このような理解によれば、以下のような条項を置くことにより、旧民法においても絶対的効力事由とはされていなかった連帯保証人に対する差押えや債務の承認などによる時効の完成猶予及び更新についても絶対的効力が及ぶと考えられます。ただし、時効の完成を困

難にする特約は否定的に解されていること（民法146条参照）、定型約款における不当条項規制（民法548条の2第2項）や消費者が賃借人又は連帯保証人である場合には消費者契約法10条に該当する可能性も否定できないことなどから、以下の条項の有効性について議論の余地があるところかと思いますので、当該条項を用いる際には慎重な検討を要するところです。

【条項例3】

（連帯保証人について生じた事由）

第○条　甲が本契約に係る連帯保証人の一人に対して行った履行の請求，連帯保証人の一人について生じた時効の完成猶予若しくは更新は、乙及び当該事由が生じた連帯保証人以外の連帯保証人に対してもその効力が生じるものとする。

5　補　足

　連帯保証人について生じた事由について相対的効力とされているものについては、以上で検討した事項のほか、債権の消滅事由である相殺及び免除があります。

　しかし、いずれも相対的効力であることにより、債権の効力は強められる（債権が消滅しにくくなる）こと、賃貸借の実務において賃料債務について保証人による相殺がなされたり、保証債務を免除したりする例は多くはないと思われることから、これらの詳細には立ち入りません。

　なお、連帯保証人ではなく、賃貸借契約において賃借人が複数いるなどして各自が賃料について連帯債務を負担する場合にも、本項目の説明が参考になります。

（田中貴一）

❺ 賃貸借契約の終了

① 契約の解除

1 解除原因

　賃貸借契約の解除の主な原因としては、賃料不払い、用法遵守義務違反及び賃借権の無断譲渡又は無断転貸が考えられるところです。以下ではこれらの解除原因について検討します。

⑴ 催告解除
① 軽微な不履行

　催告解除（民法541条本文）に関し、催告により相当期間を経過した時における「債務の不履行がその契約及び取引上の社会通念に照らして軽微であるとき」には、解除は認められません（民法541条ただし書）。そのため、催告をしても、相当期間経過した時における債務の不履行が軽微なものにとどまる場合（例えば、不履行の部分が数量的にわずかである場合や付随的義務についての債務不履行の場合）には、この軽微性の基準に該当して解除は認められないと考えられます（大判昭和14年12月13日判決全集7輯4号10頁、最判昭和36年11月21日民集15巻10号2507頁等）。

　なお、この軽微性の要件は、解除権の発生を障害するものであるため、

その主張立証責任は債務者にあります。

　また、債務の不履行により契約の目的を達成することができるかどうかは、民法541条に基づく解除権の発生要件とはなっていないため、契約した目的が達成可能であっても催告解除ができる場合があります（最判昭和43年2月23日民集22巻2号281頁参照）。

②　債務者の帰責性は要件とならない

　旧民法の下においては、債務不履行による解除について、債務者の帰責事由が要件とされていましたが、民法の下においては、債務者の帰責事由は要件とはされていません。その趣旨は、民法が、債務不履行解除について、債務者に対する責任追及の手段としての解除制度ではなく、債務の履行を受けることができなかった債権者を契約の拘束力から解放するための解除制度として位置付けたという点にあります。

(2)　無催告解除

　債務不履行により契約の目的達成が不可能になったと評価できる場合として以下に掲げる事由が生じたときには、相手方に対する催告をすることなくして、解除することができます（民法542条）。旧民法においては、定期行為の履行遅滞及び債務の履行不能のみが無催告解除として定められていましたが、民法において、無催告解除の事由を追加する見直しがなされました。

　①　履行不能の場合（同条項1号）
　②　債務者がその債務の全部の履行を拒絶する意思を明確に表示したとき（同条項2号）
　③　債務の一部の履行が不能である場合又は債務者がその債務の一部の履行を拒絶する意思を明確に表示した場合において、残存する部分のみでは契約をした目的を達成することができないとき（同条項3号）
　④　定期行為の履行遅滞（同条項4号）
　⑤　債務者がその債務の履行をせず、債権者が催告をしても契約をした目的を達成するのに足りる履行がされる見込みがないことが明ら

かであるとき（同条項５号）

　また、債務の一部の履行が不能であるとき又は債務者がその債務の一部の履行を拒絶する意思を明確に表示したときには、催告をすることなく契約の一部を解除することができます（同条２項）。

(3)　無断譲渡・無断転貸における解除

　民法612条１項は、賃借人は、賃貸人の承諾を得なければ、その賃借権を譲渡し、又は賃借物を転貸することができない旨を定めています。また、同条２項は、同条１項に違反して賃借権を譲り渡し、又は賃借物を転貸して、第三者に使用収益をさせた場合には、賃貸人に解除権が発生することを定めています。

　この民法612条２項に基づく解除権は、上記(1)及び(2)で述べた解除権とは別の解除権を定めたものであると解されます。

2　信頼関係破壊の法理

　賃料不払い、用法遵守義務違反並びに賃借権の無断譲渡及び無断転貸における解除に関しては、民法及び契約条項の文言に関わらず、以下のとおり、いわゆる信頼関係破壊の法理により解除権が制限されるなどの変容を受けることがあります。

(1)　賃料不払い

　賃貸人は、賃借人の賃料不払いを理由として解除をする場合には、賃借人に対して賃料の支払について催告をした上で、相当期間経過後に解除権を行使することになります。もっとも、賃貸借契約は継続的な契約であり信頼関係を基礎としていることから、当該賃料の不払いについて、不払賃料の額や期間などを考慮して信頼関係が破壊されているものとはいえない特段の事情がある場合には、解除権の行使が制限されます。この点、信頼関係の破壊がない場合には、上記軽微性の要件（民法541条ただし書）に該当するとの方向で整理されると解されます（中田裕康「契約法　新版」（有斐閣、2021年）427頁、潮見佳男「新契約各論１」（信

山社、2021年）422頁以下参照）。

　また、賃貸借契約において、賃料不払いその他賃借人に債務不履行が生じたことを原因とする無催告解除特約がある場合でも、無催告解除をしても不合理とは認められない背信性がある場合に限って無催告解除が認められると解されています（民法542条1項5号参照）。

(2)　用法遵守義務違反

①　催告解除

　賃借人は契約又はその目的物の性質によって定まった用法に従って、その物の使用及び収益をする必要があります（民法616条、594条1項）。

　そして、例えば、賃借人が賃貸借契約における増改築禁止条項をはじめとする用法遵守義務に違反した場合には、賃貸人は、賃借人に対してその是正を催告した上で、解除をすることができます。この解除権は、催告解除（民法541条）に相当するものであるため、債務の不履行が軽微な場合には、解除が認められないことになります。

②　無催告解除

　旧民法下の賃貸借契約においては、賃借人が用法遵守義務に違反した場合で、賃借人の用法遵守義務違反が信頼関係を破壊するおそれがあるときには、無催告で解除することができると解されており、また、用法遵守義務違反について無催告で解除できる旨を特約していた場合も、無催告解除の要件として信頼関係の破壊が必要と解されていました。このような賃貸借契約における信頼関係の破壊の有無は、民法下では、無催告解除における履行拒絶（民法542条1項2号）や履行見込みの不存在（同条1項5号）に該当するか否かに影響を与えるであろうと考えられます（前掲中田428頁参照）。

　加えて、用法遵守義務違反によって生じた結果の除去が社会通念上不能である場合には、催告をしても無意味であるため、無催告で解除することが認められると考えられ、通常は、履行不能に係る民法542条1項1号又は3号に係る解除事由に該当するであろうと解されます。

(3)　無断譲渡・無断転貸

　賃借権の無断譲渡又は賃借物の無断転貸による民法612条2項に基づく解除権については、賃貸人の解除権を制限して賃借人を保護する観点から、賃貸人の無断譲渡又は無断転貸が賃貸人に対する背信的行為と認めるに足りない特段の事情がある場合には、同条の解除権は発生しないと解されています（最判昭和28年9月25日民衆7巻9号979頁）。

3　契約条項について

　以上のような信頼関係の破壊の法理は、賃貸借契約が継続的契約であるという特殊性から、契約当事者の合意の内容にかかわらず適用されるものであると解されるため、契約条項により排除又は修正をすることができるものではないと考えられます。

　そのため、賃貸借契約における解除権に関しては、信頼関係破壊の法理を修正する目的で賃貸借契約の条項を検討するべきではないと思われ、修正を検討するのであれば、例えば賃借人の用法遵守義務の範囲を広げるなど、債務不履行解除の契機となる賃借人の義務内容などを対象にするのが適切であろうと思います。

（田中貴一）

② 賃借人の原状回復義務

1　賃借人の原状回復義務と通常損耗

　賃借人は、賃借物を受け取った後にこれに生じた損傷がある場合において、賃貸借が終了したときは、その損傷を原状に復する義務を負います（民法621条）。ここにいう「損傷」について、通常の使用及び収益による損耗や賃借物の経年劣化は除かれます。

2　判例法理

　現行民法621条は、以下に掲げる判例法理（最判平成17年12月16日判時1921号61頁）を明文化したものと位置付けられています。

　「賃借人は、賃貸借契約が終了した場合には、賃借物件を原状に回復して賃貸人に返還する義務があるところ、賃貸借契約は、賃借人による賃借物件の使用とその対価としての賃料の支払を内容とするものであり、賃借物件の損耗の発生は、賃貸借という契約の本質上当然に予定されているものである。それゆえ、建物の賃貸借においては、賃借人が社会通念上通常の使用をした場合に生ずる賃借物件の劣化又は価値の減少を意味する通常損耗に係る投下資本の減価の回収は、通常、減価償却費や修繕費等の必要経費分を賃料の中に含ませてその支払を受けることにより行われている。そうすると、建物の賃借人にその賃貸借において生ずる通常損耗についての原状回復義務を負わせるのは、賃借人に予期しない特別の負担を課すことになるから、賃借人に同義務が認められるためには、少なくとも、賃借人が補修費用を負担することになる通常損耗の範囲が賃貸借契約書の条項自体に具体的に明記されているか、仮に賃貸借契約書では明らかでない場合には、賃貸人が口頭により説明し、賃借人がその旨を明確に認識し、それを合意の内容としたものと認められ

るなど、その旨の特約（以下「通常損耗補修特約」という。）が明確に合意されていることが必要であると解するのが相当である。」

　なお、国土交通省「原状回復をめぐるトラブルとガイドライン（再改訂版）」（平成23年8月）においても、以下の判例法理と同趣旨の指針が示されています。

3　損傷について賃借人の帰責性がない場合

　現行民法621条本文によれば、賃借物を受け取った後にこれに生じた通常損耗を除く損傷については、原則として賃借人が原状回復義務を負担します。しかし、賃借物の損傷について帰責性がない場合についてまで賃借人に当該損傷に原状回復義務を負担させるのは妥当ではありません。

　そこで、その損傷が賃借人の責めに帰することができない事由によるものであるときには、賃借人は原状回復義務を負わないものとされています（民法621条ただし書）。

4　原状回復義務の免除に関する特約の効力
　（詳細は、第Ⅱ章❼②参照）

　現行民法621条は、任意規定であることから、賃貸人及び賃借人との間の特約により賃借人の原状回復義務の内容を拡充すること（例えば、通常の使用及び収益による損耗や賃借物の経年劣化も原状回復義務の対象に含むこと）は可能であると解されます（前掲最判平成17年12月16日参照）。

　もっとも、賃貸人が事業者であり賃借人が消費者である場合に、賃貸借契約において通常損耗補修特約を合意したとしても、民法1条2項に規定する基本原則に反して消費者の利益を一方的に害するものとして消費者契約法10条に基づき、通常損耗修補特約が無効となる可能性がある点に留意が必要です。

（田中貴一）

③　賃借物の全部滅失等による契約終了

1　全部滅失の場合

　民法616条の2は、「賃借物の全部が滅失その他の事由により使用及び収益をすることができなくなった場合には、賃貸借は、これによって終了する。」と定めています。これにより、賃借物の全部が物理的に消滅した場合には、賃貸借契約は当然に終了することになります。

　賃借物の全部が滅失した場合、旧民法には特段明文の規定がありませんでしたが、判例により、賃貸借の趣旨が達成されなくなることから、賃貸借契約は当然に終了するとされていました[1]。これは、賃貸借契約が、当事者の一方がある物の使用及び収益を相手方にさせることを目的とすることや（旧民法601条）、危険負担の債務者主義の原則から、当然のことと考えられていました。現行民法616条の2は、このような判例法理を明文化したものです。

　どのような場合に賃借物の全部が滅失したといえるかが問題になりますが、判例は、家屋が火災によって焼失したケースについて、家屋が火災によって滅失したかどうかは、「賃貸借の目的となっている主要な部分が消失して賃貸借の趣旨が達成されない程度に達したか否か」という基準で判断すべきことを明らかにし、その際、「消失した部分の修復が通常の費用では不可能と認められるかどうか」ということも斟酌すべきと述べています[2]。

　また、建物が時の経過により資材等が腐朽、損傷して、社会的経済的にその効用を喪失した場合についても、判例は、「目的物滅失の場合と

---

[1]　最判昭和42年6月22日民集21巻6号1468頁

[2]　最判昭和42年6月22日民集21巻6号1468頁

同様に賃貸借の趣旨は達成されなくなるから、これによつて賃貸借契約
は当然に終了する」と述べています[3]。

2　その他使用及び収益をすることができなくなった場合

　民法616条の2は、賃借物の全部滅失の場合に留まらず、賃借物全部
が使用・収益をすることができなくなった場合も含めて賃貸借契約の
当然終了を定めています。

　使用・収益できなくなったことは確定的なものであることが必要で
あり、一時的なものは含まれませんが、その原因は問わず、物質的な原
因による場合に限られません[4]。賃貸人に帰責事由がある場合や、天災
等の両当事者に帰責事由がない場合にも適用されます。

　さらに、本規定の射程には、転貸借契約において、賃貸借契約が債務
不履行解除され、賃貸人から賃借人に対して賃借物の返還請求がなされ
た場合も含まれると考えられています。

　なお、一部滅失等があったものの賃貸借の使用収益がなお可能なケー
スでは、賃貸借契約は当然終了とはならず、賃貸借契約を終了させるに
は、賃借人が契約を解除しなければなりません（民法611条2項）。こ
の点は、旧民法と変わりません（旧民法611条2項）。

　一部滅失等の場合であっても当然終了とするのであれば、そのような
条項を入れる必要があります。

3　全部滅失等による契約終了に関する条項例

　民法616条の2の趣旨を反映させ、全部滅失の原因を例示列挙すると、
【条項例】のようになります。

> 【条項例】
> 　本契約は、天災、地変、火災その他甲乙双方の責めに帰さない事

[3]　最判昭和32年12月3日民集11巻13号2018頁
[4]　中田裕康「契約法（新版）」429頁

由により、本物件が全部滅失した場合、又はその他の事由により本物件の全部の使用及び収益ができなくなった場合に、当然に終了する。

（後藤大・井上壮太郎）

❻ 定型約款

① 定型約款の一般論

1 定型約款とは

(1) 立法の経緯

　現代社会では、「約款」と呼ばれる契約条項群が広く用いられ、公共交通機関の利用からソフトウェアの使用に至るまで各種の契約において重要な役割を果たしています。これほど「約款」が社会に浸透しているにもかかわらず、「約款」を規律する規定は、旧民法にはありませんでした。それは、民法の基本的な考え方が契約当事者の合意によって契約の拘束力が生じることを前提としているからです。「約款」と呼ばれる契約条項群は、その内容を詳細に検討し、または交渉して条項を定め合意することが予定されているものではなく、一方当事者がその内容を認識していないことも少なくありません。そのため、旧民法には「約款」に関する規定がなく、解釈や判例によって規律されていたに過ぎません（大判大正4年12月24日民録21輯2182頁など参照）。そこで平成29年法律第44号による民法の改正によって、「定型約款」に関する規定が新たに定められ、適切な解決の枠組みが規律されました（一問一答・240頁、中田裕康『契約法〔新版〕』（有斐閣，2021年10月）37頁）。

(2)　定型約款の要件

　では、現代社会で広く「約款」と呼ばれる契約条項群と民法の「定型約款」とは同義なのでしょうか。

　「定型約款」とは、「定型取引において、契約の内容とすることを目的としてその特定の者により準備された条項の総体」をいいます。そして、「定型取引」とは、「ある特定の者が不特定多数の者を相手方として行う取引であって、その内容の全部又は一部が画一的であることがその双方にとって合理的なもの」をいいます。このことから、「定型約款」といえるかは、「定型取引」にあたるかが前提問題になっているといえます。そして、これらの要件にあたらない限り、民法上の「定型約款」とはいえないため、現代社会で広く「約款」と呼ばれている契約条項群のすべてが「定型約款」にあたるわけではありません。したがって、まずは各契約における条項群が「定型約款」にあたり、民法の規律を受けるか個別具体的に検討することが必要となります。要件該当性が認められれば民法の規律を受けるため、定められた条項の名称によって扱いが異なるわけではありません。例えば利用規約という名称であっても、定型取引に用いられ契約の内容となる場合には、「定型約款」として民法の規律に服します。反対に約款との名称が用いられていたとしても、「定型約款」に当たらない場合もあります。この場合には、契約に関する一般規律に服することになります（一問一答・248頁）。

(3)　みなし合意の規律

　さて、契約条項群が定型約款に該当するとして、それが契約内容として組み入れられるためには民法548条の2第1項各号の要件を充たす必要があります。すなわち、定型約款を契約内容とすることに合意したとき（1号）、または、定型約款準備者があらかじめ定型約款を契約の内容とする旨を相手方に表示していたときです（2号）。いずれかの要件を充たすことで、定型約款における膨大な条項について、個別に確認せずとも個別の条項についても、合意したものとみなされて当事者間における契約の内容となります（一問一答・241頁）。

なお、各種公共交通機関利用の場面や電気通信役務の提供の場面では、契約の内容を公表していれば足りるとされています（鉄道営業法18条の2、軌道法27条の2、海上運送法32条の2、道路運送法87条、航空法134条の3、電気通信事業法167条の2）。

もっとも、みなし合意によって、あらゆる条項が当事者間を規律することとなれば、一方当事者の利益を害する結果となりかねません。特に不当な内容や不意打ちとなる条項についてまで拘束力を及ぼすこととなれば、定型約款準備者を一方的に有利にしかねません。そこで、民法において適切な判断枠組みを示すことになりました（一問一答・251頁）。具体的には、相手方の権利を制限し、又は相手方の義務を加重する条項であって、信義則（民法1条2項）に反して相手方の利益を一方的に害すると認められるものは、合意しなかったものとみなされます。消費者契約法と異なり、ソフトウェアライセンス規約などのように定型約款に該当する限り、事業者間にも適用され得る点は注意を要します（一問一答・247頁）。

▋民　法▋

（定型約款の合意）

第548条の2　定型取引（ある特定の者が不特定多数の者を相手方として行う取引であって、その内容の全部又は一部が画一的であることがその双方にとって合理的なものをいう。以下同じ。）を行うことの合意（次条において「定型取引合意」という。）をした者は、次に掲げる場合には、定型約款（定型取引において、契約の内容とすることを目的としてその特定の者により準備された条項の総体をいう。以下同じ。）の個別の条項についても合意をしたものとみなす。

一　定型約款を契約の内容とする旨の合意をしたとき。

二　定型約款を準備した者（以下「定型約款準備者」という。）があらかじめその定型約款を契約の内容とする旨を相手方に表示していたとき。

2　前項の規定にかかわらず、同項の条項のうち、相手方の権利を制限し、又は相手方の義務を加重する条項であって、その定型取引の態様

及びその実情並びに取引上の社会通念に照らして第1条第2項に規定する基本原則に反して相手方の利益を一方的に害すると認められるものについては、合意をしなかったものとみなす。

2　定型約款に関する経過措置

旧民法に約款に関する規定はないものの、約款として広く呼ばれ取り扱われている契約条項群が存在し、現行民法の定型約款に該当し得るものがありました。そこで、施行日前に締結された定型取引に係る契約についても、現行民法の定型約款に関する規律が及びます（一問一答・390頁）。もっとも、旧民法下で生じた効力を否定するものではありません。また、これらの規定は、施行日前である平成30年（2018年）4月1日から令和2年（2020年）4月1日の前日までに書面をもって反対の意思表示がされた場合には適用されません。現行民法の適用を排除するためには、施行日前に所定の手続きが採られていたことが必要となるため、確認を要します。

◀民法附則▶

（定型約款に関する経過措置）

第33条　新法第548条の2から第548条の4までの規定は、施行日前に締結された定型取引（新法第548条の2第1項に規定する定型取引をいう。）に係る契約についても、適用する。ただし、旧法の規定によって生じた効力を妨げない。

2　前項の規定は、同項に規定する契約の当事者の一方（契約又は法律の規定により解除権を現に行使することができる者を除く。）により反対の意思の表示が書面でされた場合（その内容を記録した電磁的記録によってされた場合を含む。）には、適用しない。

3　前項に規定する反対の意思の表示は、施行日前にしなければならない。

‖ 3　賃貸借と定型約款

　これまで定型約款の一般的な要件をみてきました。定型約款にあたるかは、契約の内容をみて個別具体的に検討する必要がありますので、賃貸借契約においても、定型約款の規律が適用される余地があるか検討しなければなりません。

　定型約款に該当するかは、そもそも当該取引が定型取引にあたるかの検討から始めなければなりません。定型取引とは、先に述べたように、「ある特定の者が不特定多数の者を相手方として行う取引であって、その内容の全部又は一部が画一的であることがその双方にとって合理的なもの」をいいます。これに対し賃貸借契約は、取引の内容や態様が定型化されていたとしても、相手方の個性、すなわち借主の属性、資力や保証人の有無などに着目して契約の締結に至るのが一般的です。そのため、通常は定型取引の「不特定」という要件を充たさないと考えられます。

　もっとも、賃貸借契約も定型取引にあたりうるとする見解のあることや大規模な団地等における当事者の個性に着目されない賃貸借契約などの場合には、定型取引に該当する余地も完全には否定できません（一問一答・246頁）。賃貸借契約においても、個別具体的な検討が必要といえます。

（吉直達法）

② 定型約款の表示と開示請求

1　みなし合意と定型約款の表示

　定型約款が契約の内容となって当事者を拘束するかは、定型取引合意があることを前提に民法548条の2第1項各号の要件を充たす必要があります。一つめは定型約款を契約の内容とすることに合意することです。当事者が定型約款準備者の用意した契約条項を契約の内容とすることに合意する必要があるわけです。当然、合意の前までに定型約款が準備されている必要があります（1号）。二つめの要件は、定型約款を契約の内容とする旨を表示することです（2号）。契約締結までに定型約款を準備することは大前提ですが、実務上は定型約款を契約の内容とする旨を表示することもまた重要です。定型約款を事前に準備していても、契約内容に組み入れることの表示がなければ準備したこと自体が無意味になり得ます。なお、大量かつ迅速に契約を処理しなければならない公共交通機関等については、公表で足ります（鉄道営業法18条の2、軌道法27条の2、海上運送法32条の2、道路運送法87条、航空法134条の3、電気通信事業法167条の2）。

◀**民　法**▶

（定型約款の合意）

第548条の2　定型取引（ある特定の者が不特定多数の者を相手方として行う取引であって、その内容の全部又は一部が画一的であることがその双方にとって合理的なものをいう。以下同じ。）を行うことの合意（次条において「定型取引合意」という。）をした者は、次に掲げる場合には、定型約款（定型取引において、契約の内容とすることを目的としてその特定の者により準備された条項の総体をいう。以下同じ。）の個別の条項についても合意をしたものとみなす。

　　一　定型約款を契約の内容とする旨の合意をしたとき。
　　二　定型約款を準備した者（以下「定型約款準備者」という。）があら
　　　かじめその定型約款を契約の内容とする旨を相手方に表示していた
　　　とき。
　2　（省　略）

　ある賃貸借契約が定型約款にあたる場合（ただし、不動産賃貸借契約
が定型約款に該当する場合が限定的であることは①3で述べたとおりで
す。）、貸主が用意した個別条項につき契約の内容として借主を拘束する
ためには、そのような条項群も契約の内容とする旨の合意をするか（民
法548条の2第1項1号）、または、あらかじめその条項群が契約の内
容となる旨を表示する必要があります（民法548条の2第1項2号）。
　前者の規律によるならば、貸主が用意した特定の定型約款（このとき
の名称は問いませんが、定型約款と分かるようにすることが好ましいで
しょう。）が存在し、当該約款を貸主と借主との間で契約の内容とする
ことで合意したとする条項を設けると良いでしょう。また、後者の規律
によるときは定型取引合意前に当該定型約款を表示しなかったことを理
由とするみなし合意適用除外を回避するため、賃借人からの定型約款内
容開示請求があった場合（民法548条の3。後述します。）の対応を慎
重に行う必要があります。
　できれば、契約締結に際しては、遅滞なく約款を示せるように用意し
ておくことがよいでしょう。

【条項例】

第〇条　甲（貸主）と乙（借主）は、本契約書に定めるもののほか、
　　甲の準備する約款についても本契約の内容とすることを合意す
　　る。

2　ウェブにおける定型約款の表示

　ウェブサイトを用いて約款の内容を開示することも認められています。この場合に借主から約款の内容の開示を求められたとしても、開示義務違反とはなりませんが、契約締結時におけるトラブルを避ける意味でも、ウェブサイトのアドレスの教示などを心がけるべきでしょう（一問一答・255頁）。

> 【条項例】
> 第○条　甲（貸主）と乙（借主）は、本契約書に定めるもののほか、甲がウェブサイト上に公開している約款（http://www.………/）についても本契約の内容とすることを合意する。

3　定型約款内容の開示請求

　定型約款準備者は、定型取引合意前又は合意後相当期間内に相手方から定型約款内容の開示請求を受けた場合、遅滞なくこれを開示しなければなりません。定型約款も契約の内容となるものですから、開示を求められた場合にこれを拒否する理由はないからです。そのため、定型約款準備者が定型取引合意前に相手方からの開示請求を不当に拒否したときは、みなし合意の規定は適用されず、定型約款は契約の内容となりません。拘束される契約の内容を確認できないのは相手方の予見可能性を奪うことになるため当然といえます。

　また、開示請求を積極的に拒絶した場合のみならず、相当期間経過後も何ら回答ない場合にも拒絶したものと評価し得るため、注意が必要です（一問一答・256頁）。

　もっとも、すでに書面を差し入れていた場合やウェブサイト上で約款の内容を公開している場合には、相手方にとって一方的に不利とはいえないため、定型約款準備者が開示請求を拒否したとしても、みなし合意の適用除外を受けることにはなりません。

◀民　法▶

（定型約款の内容の表示）

第548条の3　定型取引を行い、又は行おうとする定型約款準備者は、定型取引合意の前又は定型取引合意の後相当の期間内に相手方から請求があった場合には、遅滞なく、相当な方法でその定型約款の内容を示さなければならない。ただし、定型約款準備者が既に相手方に対して定型約款を記載した書面を交付し、又はこれを記録した電磁的記録を提供していたときは、この限りでない。

2　定型約款準備者が定型取引合意の前において前項の請求を拒んだときは、前条の規定は、適用しない。ただし、一時的な通信障害が発生した場合その他正当な事由がある場合は、この限りでない。

（吉直達法）

③ 定型約款変更時の周知の例

1 定型約款の変更

　民法の一般原則からいえば、契約内容を変更する際には相手方との合意が必要です。しかし、これまでに述べてきたとおり、定型約款は不特定多数の相手方と大量かつ迅速に契約を処理する必要があるものですから、個別に契約内容を確認して合意を形成することは困難です。また、契約内容に変更の必要が生じたときに、安定的に変更がされることも考慮されなければなりません（一問一答・257頁）。そこで以下の要件を充たす限り、個別に相手方と合意をすることなく契約内容を変更することができます。

◀民　法▶

（定型約款の変更）

第548条の4　定型約款準備者は、次に掲げる場合には、定型約款の変更をすることにより、変更後の定型約款の条項について合意があったものとみなし、個別に相手方と合意をすることなく契約の内容を変更することができる。

一　定型約款の変更が、相手方の一般の利益に適合するとき。

二　定型約款の変更が、契約をした目的に反せず、かつ、変更の必要性、変更後の内容の相当性、この条の規定により定型約款の変更をすることがある旨の定めの有無及びその内容その他の変更に係る事情に照らして合理的なものであるとき。

　①定型約款の変更が相手方の一般の利益に適合すること、または、②定型約款の変更が契約をした目的に反せず、変更の必要性、変更後の内容の相当性が認められ、民法548条の4の規定により定型約款を変更す

ることがある旨の定めの有無及びその内容その他の変更に係る事情に照らして合理的であることが要件となります。また、併せて適切な方法で周知することが必要ですが、これは後に述べます。約款の内容を変更できる旨の条項がないからといって直ちに定型約款の変更ができないわけではありませんが、約款の内容を変更できる旨の条項を定めておくことが望ましいといえます（一問一答・258頁参照）。

【条項例】
　第○条　甲（貸主）と乙（借主）とが合意した約款の内容は、民法第548条の4の規定に則って変更することができるものとする。

定型約款の内容を変更できるといっても、無制限に行えるわけではありません。民法548条の4第1項2号の要件を充たす必要があるので、注意を要します。

なお、民法改正前の事例ですが、携帯電話の利用に係る通信サービスを提供する事業者の定めた約款の変更条項につき、消費者の権利を制限し又は消費者の義務を加重する条項であるとは認められないとして、その有効性を認めた裁判例（東京高判平成30年11月28日判時2425号20頁）があります。

2　定型約款変更の周知

定型約款を変更できるとしても、それが相手方に周知されなければ、相手方の予測可能性を害することとなります。また、効力発生時期が明確にならなければ、変更の内容や効力などを相手方が認識することはできないため、効力発生時期を明確にする必要があります。それに加えて現行民法は、インターネットなど適切な方法を用いて変更内容を周知することを求めています。個別に相手方の合意を得る必要がないからといって、変更内容を認識できないことは予測可能性を害することになるわけですから、適切な方法による周知は当然といえます。民法548条の4第1項2号の規定による定型約款の変更については、効力発生時期が

到来するまでに周知がされないと変更内容について効力を生じないので（民法548条の4第3項）、注意を要します。

◀民　法▶

（定型約款の変更）

第548条の4　（省　略）

2　定型約款準備者は、前項の規定による定型約款の変更をするときは、その効力発生時期を定め、かつ、定型約款を変更する旨及び変更後の定型約款の内容並びにその効力発生時期をインターネットの利用その他の適切な方法により周知しなければならない。

3　第1項第2号の規定による定型約款の変更は、前項の効力発生時期が到来するまでに同項の規定による周知をしなければ、その効力を生じない。

4　（省　略）

（吉直達法）

❼ その他

① 賃借人による妨害排除等

1 旧民法における賃借人の救済方法

　賃貸借契約は、賃借人が賃借物の使用収益を行うために締結するものですから、第三者によって賃借物の占有が妨害されている場合や、第三者が賃借物を占有している場合には、その妨害の停止や賃借物の返還請求を認める必要があります。本来は、賃借物を利用させる義務を負っている賃貸人が適切に対処すべき問題ですが、旧民法のもとでは第三者による妨害等に対し、賃借人にも以下のような方法での救済が認められてきました。

(1) 占有訴権に基づく請求

　賃借人は、占有訴権に基づき、賃借物に対する占有が妨害されている場合には妨害の停止を（民法198条）、占有が奪われた場合には賃借物の返還を（民法200条）、それぞれ請求することができます。

　しかし、占有訴権を行使するには「占有」があることが前提ですので、賃借人が占有を取得する前は行使することができず、行使期間も「妨害の存する間又はその消滅した後1年以内」（民法201条1項）、「占有を奪われた時から1年以内」（同3項）と短いため、行使できる場面が限

られています。

(2) 賃貸人の所有権に基づく物権的請求権の代位行使（債権者代位権の転用）

賃借人は、賃借権を保全するために、賃貸人の所有権に基づく物権的請求権を代位行使して妨害の排除又は賃借物の返還を請求することが判例上認められています（大判昭和4年12月16日民集8巻944頁、最判昭和29年9月24日民集8巻9号1658頁）。代位行使に際しては、賃借人の占有の有無や賃借人が対抗要件を備えているか否かは問題となりません[1]。

しかし、二重賃借人のように賃貸人との関係で適法な占有権原を有する者に対しては、そもそも賃貸人の物権的請求権が発生しないため、賃借人が同請求権を代位行使できるのは不法占有者に限られます。

(3) 賃借権に基づく妨害排除等の請求

賃借権は債権ですから、本来物権的請求権は認められません。しかし、判例は、対抗力を有する賃借権については、いわゆる物権的効力を有するとして妨害排除請求権や返還請求権を認めてきました（最判昭和28年12月18日民集7巻12号1515頁、最判昭和30年4月5日民集9巻4号431頁）。

判例法理によって、賃借権に基づいて直接的に妨害排除等を認めることは、占有訴権や債権者代位に基づく請求ができない場合に独自の意義を有してきましたが、賃借人に当該請求権が認められることやその要件については明文規定がありませんでした。

‖ 2　妨害排除等請求権の規定の新設

旧民法下での問題点に対応するため、現在は605条の4が新設され、判例法理によって認められていた対抗要件を有する賃借権に基づく妨害

1　幾代通・広中俊雄『新版注釈民法（15）債権(6)』2015年有斐閣・201～202頁

排除請求権及び返還請求権が明文化されました（一問一答・314頁、中田裕康『契約法新版』有斐閣・457〜458頁）。現在は、対抗要件を備えた賃借人は、本条を根拠に第三者（劣後する二重賃借人も含む。）に対する妨害排除等を請求することが可能です。

──◀民　法▶──

（不動産の賃借人による妨害の停止の請求等）

第605条の4　不動産の賃借人は、第605条の2第1項に規定する対抗要件を備えた場合において、次の各号に掲げるときは、それぞれ当該各号に定める請求をすることができる。

一　その不動産の占有を第三者が妨害しているとき　その第三者に対する妨害の停止の請求

二　その不動産を第三者が占有しているとき　その第三者に対する返還の請求

　物権的請求権については、占有以外の方法によって所有権が侵害されている場合には妨害排除請求、占有によって所有権が侵害されている場合には返還請求という概念整理がなされているため、賃借権に基づく請求についても同様の整理がされました。「妨害の停止の請求」（民法605条の4第1号）及び「返還の請求」（同2号）という文言は占有訴権の条文に倣っています。

　改正の議論の過程では、妨害排除請求権や返還請求権を認めるのであれば、それらと併せて妨害予防請求権まで認めるのが自然であるとの見解も検討されました。しかし、妨害予防請求権を認める判例がないこと、及び、債権である賃借権に基づいて物権的な請求権が認められるのはあくまで例外的なものであることから、妨害予防請求権については除外されています[2]。

　旧民法においては、判例法理で対抗要件を備えた賃借人の妨害排除等が認められるとされていたわけですが、不法占有者に対しては対抗力を

---

[2]　民法（債権関係）部会資料69A・51頁

問題とせずに肯定する見解がほぼ通説化していました[3]。

　本条文はこの点も考慮して、不法占有者は「第三者」に当たらないなどの解釈の余地を残すこととし、不法占有者との関係でも妨害排除等を請求する場合に対抗要件の具備が要求されるかについては、今後の議論に委ねられています[4]。

　対抗要件を備えていない場合にも、本条に基づいて直接妨害排除等を請求できるようになれば、債権者代位権の転用の実益はなくなることも考えられます。改正の議論の中では、賃貸人の所有権に基づく物権的請求権の代位行使を明文化することも検討されましたが、本条との関係もあり見送られました[5]。

　なお、賃貸借契約締結の時期を問わず、2020年4月1日（施行日）以後に賃借物の占有を第三者が妨害し、又は賃借物を第三者が占有している場合には、本条に基づいて妨害排除等を請求することができます（民法附則34条3項）。

　これは、妨害排除等は契約の当事者ではない第三者に対する請求であることから、広く適用しても契約当時者の予測可能性を害するおそれがないことによります（一問一答・381頁）。

3　契約条項への反映

　賃借人が賃借権に基づいて妨害排除等を請求する相手方は、賃貸人ではなく第三者となりますので、賃貸借契約の条項に妨害排除請求等について明記する必要はありません。

　もっとも、賃貸人の与り知らぬところで賃借人と第三者が紛争になるという状況は望ましくありませんので、以下のように賃借人に賃貸人への通知義務を課すことによって、賃貸人の関知しないところでの紛争を防ぐ必要はあるといえます。

---

[3]　内田貴『民法Ⅲ［第4版］』2020年東京大学出版会・218頁
[4]　中間試案補足説明・455頁、法制審議会民法（債権関係）部会第94回議事録・16頁
[5]　法制審議会民法（債権関係）部会第40回議事録・47頁以下

【条項例】
　賃借人が、第三者に対し、本物件の妨害停止又は返還を請求するときは、請求の相手方及び妨害の状況について、事前に書面で賃貸人に通知しなければならない。

（濵島幸子）

② 原状回復義務の特約条項

1 旧民法における賃借人の原状回復義務（詳細は、❺②賃借人の原状回復義務」参照）

　旧民法のもとでは、賃借人が契約締結後に賃借物に附属させた物についての収去義務について明文はなく、賃借人の収去権（旧民法616条、598条）を根拠に収去義務を負うと解されていました。この収去義務は、解釈上、附属物の所有者が誰かは問わず収去の対象となり、附属物を分離することができない場合や附属物の分離に過分の費用を要する場合（壁に塗られたペンキや、壁紙・障子紙など）は収去義務の対象外となっています。

　また、賃借物が損傷した場合の原状回復義務については、旧民法616条、同598条が一応の根拠となっていますが、その具体的内容は明確ではありません。そのため解釈によって、原則として賃借人は原状回復義務を負うものの、賃借人の帰責事由によらないものは対象外とされ、判例法理によって、特約がある場合を除いて賃借人は通常損耗については原状回復義務を負わないとされていました（最判平成17年12月16日集民218号1239頁）。

2 収去義務及び原状回復義務の明文化

　現在は、明渡し時に多い賃貸借契約のトラブルを防止するため、解釈に委ねられていた賃借人の収去義務及びその内容が明文化され（民法622条、599条1項）、原状回復義務に関する一般的な理解と通常損耗（経年変化を含む。以下同じ。）に関する判例法理も明文化されています（民法621条）（一問一答・325頁）。

> ◀民　法▶
>
> **（借主による収去等）**
>
> **第599条**　借主は、借用物を受け取った後にこれに附属させた物がある場合において、使用貸借が終了したときは、その附属させた物を収去する義務を負う。ただし、借用物から分離することができない物又は分離するのに過分の費用を要する物については、この限りでない。
>
> **2**　借主は、借用物を受け取った後にこれに附属させた物を収去することができる。
>
> **3**　（省　略）
>
> **（賃借人の原状回復義務）**
>
> **第621条**　賃借人は、賃借物を受け取った後にこれに生じた損傷（通常の使用及び収益によって生じた賃借物の損耗並びに賃借物の経年変化を除く。以下この条において同じ。）がある場合において、賃貸借が終了したときは、その損傷を原状に復する義務を負う。ただし、その損傷が賃借人の責めに帰することができない事由によるものであるときは、この限りでない。
>
> **（使用貸借の規定の準用）**
>
> **第622条**　……、第599条第1項及び第2項……の規定は、賃貸借について準用する。

3　収去義務及び原状回復義務の特約条項

　旧民法では明文がなかったため、原状回復に関する条項及びその特約を定める場合は、契約書に規定されていることが一般的でした。現在は明文化されていますが、上記規定は任意規定ですので、収去義務や原状回復義務の内容を特約により変更することは可能です。具体的には以下のような場面が考えられます。

　なお、以下の条項例は、原状回復義務等に関する基本条項があることを前提に、特約条項として定める場合を想定しています。

⑴　賃借人の収去義務・原状回復義務を免除する特約条項例

【条項例１】

　第○条（原状回復義務等）の規定にかかわらず、賃借人は本物件の引渡し後に生じた損傷については、本契約終了時の状態で本物件を明け渡せば足り、原状回復義務を負わない。

【条項例２】

　第○条（原状回復義務等）の規定にかかわらず、賃借人は本物件の引渡し後に設置した造作・設備等の附属物については、本契約終了時の状態で本物件を明け渡せば足り、収去義務を負わない。

　旧民法のもとでは、収去義務と原状回復義務の概念は明確に区別されていなかったため、原状回復義務の免除は一律に定められることがほとんどでした。現在は、両者の概念が整理されていますので、免除の対象もケースによって使い分けることが考えられます。

　【条項例１】では、建物の解体を予定しているため原状回復を不要とするものの、附属物の収去は行ってほしい場合に、特約で損傷についての原状回復義務を免除するケースを想定しています。

　【条項例２】では、飲食店等において同一業種が居抜きで新たに賃借することを想定しているため附属物の収去の必要はないものの、損傷については原状回復をしてほしい場合に、特約で附属物の収去義務を免除するケースを想定しています。

　なお、収去義務や原状回復義務を免除する場合でも、賃借人の所有物が残置されていた場合に、賃貸人が勝手に処分することはできませんので、残置物については所有権を放棄する旨の条項は入れておくべきでしょう。

⑵　賃借人に通常損耗についても原状回復義務を負わせる特約条項例

【条項例１】（事業用の場合）

　第○条（原状回復義務等）の規定にかかわらず、本契約が終了した時は、賃借人は別表（略）に従って本物件に生じた損傷（通常の使用及び収益によって生じた賃借物の損耗並びに賃借物の経年変化を含む。）をすべて修復し、本物件を引渡し当時の原状に復しなければならない。

【条項例２】（居住用の場合）

　第○条（原状回復義務等）の規定にかかわらず、以下の箇所の通常の使用及び収益によって生じた損耗並びに経年変化の原状回復費用については、賃借人の負担とする。
１　クロス張替え費用（居室内でのペット飼育を認めるため）
２　……

　現在は、通常損耗の原状回復は本来賃借人の義務ではないことが明文化されましたが、これを賃借人負担とする特約の有効性は、判例に従えば「賃借人が補修費用を負担することになる通常損耗の範囲が賃貸借契約の条項自体に具体的に明記されているか、仮に賃貸借契約書では明らかでない場合には、賃貸人が口頭により説明し、賃借人がその旨を明確に認識し、それを合意の内容としたものと認められるなど、その旨の特約が明確に合意されている」（最判平成17年12月16日集民218号1239頁）か否かによることになります。

　【条項例１】は、消費者契約法が適用されない事業用不動産の賃貸借の場合に、通常損耗を賃借人負担とするケースを想定しています。

　賃借人の保護を要する民間賃貸住宅とは異なり、市場性原理と経済合理性の支配するオフィスビルの賃貸借では、あらかじめ原状回復費用を賃料に含めて徴収せず、退去時に賃借時と同等の状態まで原状回復させることに合理性が認められるといえます（東京高判平成12年12月27日

判タ 1095 号 176 頁）[1]。

　したがって、賃借人が原状回復義務を負う通常損耗の範囲が条項上明記されていれば、商取引においては契約書の文言が重視され、有効な特約として機能すると考えられます[2]。

　【条項例2】は、消費者契約法の適用される居住用不動産の賃貸借の場合に、通常損耗を賃借人負担とするケースを想定しています。

　特約の有効性が肯定されたとしても、事業者と消費者が契約当事者である居住用不動産の場合には、消費者契約法上の有効性も問題となります。賃借人に通常損耗まで負担させるような特約は、消費者の利益を一方的に害するものとして消費者契約法10条により無効になるリスクがあるといえるでしょう。

　国土交通省住宅局作成の「原状回復をめぐるトラブルとガイドライン（再改訂版）」においても、賃借人の原状回復義務を加重する場合には、①特約の必要性があり、かつ、暴利的でないなどの客観的、合理的理由が存在すること、②賃借人が特約によって通常の原状回復義務を超えた修繕等の義務を負うことについて認識していること、③賃借人が特約による義務負担の意思表示をしていることの3要件が必要であるとしています。

　消費者契約法が適用される賃貸借契約においては、通常損耗を賃借人負担とする特約は無効になるリスクがあることに十分留意の上、具体的範囲と合理的な理由付けを契約書上明記し、賃借人に十分説明したことを書面上にも残しておくことが重要です。

（濵島幸子）

---

[1]　大江忠『新債権法の要件事実』司法協会・90頁

[2]　一般財団法人土地総合研究所『民法改正と不動産実務』大成出版社・88頁

③ 転貸借の効果

1 転貸借の意義

　賃借人が賃借物をさらに第三者に賃貸することを転貸借といいます。転貸借が行われた場合には、賃貸人と賃借人との間の賃貸借契約は維持されたまま、賃借人（転貸人）と第三者（転借人）との間でも賃貸借契約が生じることになります。

　転貸借が行われると賃貸物を使用・収益する主体が変更されることになりますので、転貸借を行う場合には、賃貸人の承諾が必要とされています（民法612条1項）。

　賃貸人と賃借人との間の賃貸借契約を「原賃貸借契約」、賃借人と転借人との間の賃貸借契約を「転貸借契約」、原賃貸借契約の賃貸人を「原賃貸人」と呼ぶこともあります。

2 転貸借の効果

⑴ 転借人の賃貸人に対する債務の直接履行義務

　民法613条1項本文は、「賃借人が適法に賃借物を転貸したときは、転借人は、賃貸人と賃借人との間の賃貸借に基づく賃借人の債務の範囲を限度として、賃貸人に対して転貸借に基づく債務を直接履行する義務を負う。」と定め、転借人の負う債務を賃借人の債務の範囲に限定しつつ、転借人が賃貸人に対してその債務を直接履行することを定めています。

　旧民法のもとでは、「転借人は、賃貸人に対して直接に義務を負う」と規定されていたものの（旧民法613条1項1文）、転借人の負う義務の内容は条文上明らかではありませんでした。しかし判例は、賃貸人は、賃借人との間の賃貸借契約に基づき、転借人に対して自己の権利に属する賃料の支払を請求することができるとしていました[1]。民法613条1

項本文は、このような判例法理を明確化したものです。

　これにより、転借人は、賃貸人から請求がある場合には、転貸料を直接賃貸人に支払わなければならないことになります。ただし、賃借人の債務の範囲が限度となりますので、例えば、賃貸人と賃借人との間の原賃貸借契約では賃料が月10万円、賃借人と転借人との間の転貸借契約では賃料が月12万円と定められていた場合には、転借人が賃貸人に直接支払わなければならないのは10万円が限度となります。

　転借人が賃貸人に対して負う義務は賃料支払義務に限られず、用法遵守義務（民法616条、594条1項）、目的物保管義務（民法400条）、損害賠償義務（民法415条）、契約終了時の目的物返還義務（民法601条）等も含まれます。

　他方で、民法613条1項本文は転借人が賃貸人に直接権利を行使できるという規定ではないため、転借人は、賃貸人に対し、修繕請求権（民法606条1項）や費用償還請求権（民法608条）等を直接行使することはできません。

(2)　賃貸借契約が解除された場合の規律

　民法613条3項は、「賃借人が適法に賃借物を転貸した場合には、賃貸人は、賃借人との間の賃貸借を合意により解除したことをもって転借人に対抗することができない。ただし、その解除の当時、賃貸人が賃借人の債務不履行による解除権を有していたときは、この限りではない。」と定めています。これも、判例法理を明確にしたものです。

　転貸借契約は、その基礎を原賃貸借契約におくものですが、適法な転貸借は賃貸人の承諾を必要とするものであり、転貸借契約を成立させるには、賃貸人、賃借人及び転借人の三当事者の合意が必要になります。そのため、賃貸人と賃借人の二当事者の合意で原賃貸借契約が解除された場合に、転貸借関係を終了させることができるとするのは適切ではありません。適法に成立した転貸借契約における転借人を保護する必要性

1　大判大正2年12月6日法律新聞918号28頁

があります。

　そこで、現行民法は、これまで判例で形成されていたとおり、賃貸人と賃借人との間の合意解除は、転借人に対抗することができないとしました（民法613条3項本文）。

　ただし、賃貸人が解除時に債務不履行に基づく解除権を有していた場合には、合意解除を転借人に対抗できるとされています（民法613条3項ただし書）。これは、債務不履行解除の場合には原賃貸借契約の解除を転借人に対抗することができるという判例法理を前提とするものです。

3　無断転貸の効果

　転貸借を行う場合には賃貸人の承諾が必要ですが（民法612条1項）、賃借人が賃貸人の承諾を得ることなく転貸借を行った場合にはどうなるでしょうか。

　まず、この場合には、転借人は賃貸人に賃借権を対抗することができません。そのため、賃貸人は、転借人に対し、賃貸物の返還を請求することが可能です[2]。

　次に、賃貸人は、賃借人との間の原賃貸借契約を解除することができます（民法612条2項）。ただし、判例は[3]、転貸借契約が背信行為と認めるに足りない特段の事情がある場合には解除権は発生しないという立場に立っているため（信頼関係破壊の法理）、このような特段の事情がある場合には解除はできません。

　また、賃借人と転借人の転貸借契約は、賃貸人の承諾がない場合でも有効に成立します。賃借人は、転借人に対し、賃貸人から承諾を得る義務を負うことになり[4]、賃貸人の承諾が得られなかった場合には、転借人は、転貸借契約を解除することが可能です。

（後藤大・井上壮太郎）

---

[2]　最判昭和26年5月31日民集5巻6号359頁

[3]　最判昭和28年9月25日民集7巻9号979頁

[4]　最判昭和34年9月17日民集13巻11号1412頁

④　賃貸人たる地位の移転の通知

1　旧民法の立場

⑴　賃貸不動産の所有権移転に伴う賃貸人たる地位の移転についての明文の規定がなかったこと

　旧民法の下では、賃貸不動産の譲渡が行われたとき、賃貸人たる地位が譲渡人から譲受人に移転するかについて、明文の規定は置かれていませんでした。

⑵　賃貸借の対抗要件を備えた賃貸不動産が譲渡された場合における賃貸人たる地位について

①　判例実務の立場

　旧民法の下では、判例は、賃借人が第三者に対する対抗要件を備えているかに着目し、賃貸人が賃借人に引渡し済みの建物－対抗要件の具備を意味します－を第三者に譲渡した場合、特段の事情がない限り、賃貸人たる地位は第三者に移転し、旧所有者は賃貸借関係から離脱する（最判昭和39年8月28日民集18巻7号1354頁、以下「昭和39年判例」といいます。）とし、賃貸借の対抗要件を備えた賃貸不動産が譲渡される場合には原則的に賃貸人たる地位も移転するとの立場を採用していました。そして、不動産取引の実務においても、このような判例に沿った取扱いがなされてきました。

②　賃貸不動産の譲渡の際の賃貸人たる地位の留保について

　賃貸不動産を譲渡する際に賃貸人たる地位を留保する余地があるかについて、判例は、昭和39年判例を前提として、賃貸人の地位を旧所有者に留保する旨の新旧所有者間における合意があるだけでは、直ちに「特段の事情」があるものということはできないとしました（最判平成11

年3月25日判タ1001号77頁）。

　こうした判断が示された理由は、単に、賃貸人たる地位を留保する合意により賃貸不動産の所有権のみを移転させると、賃借人は旧所有者との間では転貸借の関係に立つことになりますが、仮に旧所有者と新所有者との間の契約が解除等で消滅すると、賃借人はその意思に反して新所有者からの明渡し請求に応じなくてはならなくなってしまい、賃借人にとって酷であるという考慮によるものと解されています。

　もっとも、不動産取引の実務においては、資産の流動化を目的として賃貸不動産の譲渡が行われる場合に、譲受人と多数の賃借人との間で賃貸借関係が生ずることを避けるため、賃貸人たる地位を移転させることなく譲渡人の下に留保させるニーズがありました。

　そこで、旧民法の下での不動産取引の実務においては、賃貸人たる地位を移転させることなく譲渡人の下に留保させるニーズがある際には、多数の賃借人から個別に賃貸人たる地位を留保することについて同意を取るということが行われてきました（一問一答・316～317頁）。

⑶　賃貸借の対抗要件を備えていない賃貸不動産が譲渡された場合における賃貸人たる地位について

　不動産の賃借人が賃借権の対抗要件を具備していない場合において、賃貸人たる地位の移転がなされるかについて、判例は、不動産の賃貸人が当該不動産を譲渡するとともに譲受人との合意によって賃貸人たる地位を譲受人に移転するのであれば、特段の事情がない限り、賃借人の承諾は不要であるとし（最判昭和46年4月23日民集25巻3号388頁、以下「昭和46年判例」といいます。）、賃借人の承諾を要しないで、賃貸人たる地位を移転することができると判示しました。

　こうした判断が示された理由は、賃貸人の債務は個人的色彩を有せず、目的物の所有者たることだけで履行できる場合がほとんどで、賃借人としても通常は新所有者との間において賃借権が継続することを欲すると考えられることによるものと解されています。

2　現行民法の立場

⑴　賃貸借の対抗要件を備えた賃貸不動産が譲渡された場合における賃貸人たる地位について

①　民法605条の2の新設

　現行民法では、昭和39年判例の判例法理が明文化され、賃貸借の対抗要件を備えた賃貸不動産が譲渡されたときは、原則として、賃貸人たる地位は譲渡人から譲受人に移転するとの規定が置かれています（民法605条の2第1項）。

②　賃貸不動産の譲渡の際の賃貸人たる地位の留保

　前述のとおり、不動産取引の実務においては、賃貸不動産の譲渡が行われても賃貸人たる地位を旧所有者に留保するニーズがありました。

　そこで、現行民法は、民法605条の2第1項の例外として，不動産の譲渡人及び譲受人が、賃貸人たる地位を譲渡人に留保する旨の合意をし、これに加えて、その不動産を譲受人が譲渡人に賃貸する旨の合意をしたときは、賃貸人たる地位は譲受人に移転されずに譲渡人に留保される旨の規定が置かれています（民法605条の2第2項前段）。

　本条項により、旧民法の下での不動産取引の実務において行われていた、多数の賃借人から個別に賃貸人たる地位を留保することへの同意を取得することが不要となっています。

　賃貸人たる地位を譲渡人に留保する場合、賃借人の保護を図るため、譲渡人と譲受人間の賃貸借が終了したときは、譲渡人の下に留保されていた賃貸人たる地位は、譲受人（承継があった場合には、承継人）に当然に移転することになります（民法605条の2第2項後段）。

③　賃貸人たる地位の移転を賃借人に対抗するための要件

　現行民法では、賃貸借の対抗要件を備えた賃貸不動産が譲渡され、賃貸人たる地位が移転した場合において、譲受人が賃貸人たる地位を賃借人に対抗するためには、当該不動産について所有権の移転の登記をする必要がある旨の規定が置かれています（民法605条の2第3項）。

　本条項により、（旧民法の下でも不動産取引の実務においては同様の

運用がなされていましたが）譲受人は登記を具備すれば、賃借人への通知・承諾なくして賃貸人たる地位を賃借人に対抗できることが明らかになっています。

④ **賃貸人たる地位の移転と敷金返還債務・費用償還債務**

現行民法では、賃貸借の対抗要件を備えた賃貸不動産が譲渡され、賃貸人たる地位が移転した場合における敷金返還債務及び費用償還債務について、譲受人に承継される旨の規定が置かれています（民法605条の2第4項）。

┤**民　法**├

（不動産の賃貸人たる地位の移転）

第605条の2　前条、借地借家法（平成3年法律第90号）第10条又は第31条その他の法令の規定による賃貸借の対抗要件を備えた場合において、その不動産が譲渡されたときは、その不動産の賃貸人たる地位は、その譲受人に移転する。

2　前項の規定にかかわらず、不動産の譲渡人及び譲受人が賃貸人たる地位を譲渡人に留保する旨及びその不動産を譲受人が譲渡人に賃貸する旨の合意をしたときは、賃貸人たる地位は、移転しない。この場合において、譲渡人と譲受人又はその承継人との間の賃貸借契約が終了したときは、譲渡人に留保されていた賃貸人たる地位は、譲受人又はその承継人に移転する。

⑵ **賃貸借の対抗要件を備えていない賃貸不動産が譲渡された場合における賃貸人たる地位について**

① **民法605条の3の新設**

現行民法では、昭和46年判例の判例法理が明文化され、賃貸借の対抗要件を備えていない賃貸不動産が譲渡された場合には、賃貸不動産の譲渡人と譲受人の合意により、賃借人の承諾を要しないで、賃貸人たる地位を移転することができるとの規定が置かれています（民法605条の3前段）。

②　賃貸人たる地位の移転を賃借人に対抗するための要件

　現行民法では、賃貸借の対抗要件を備えていない賃貸不動産が譲渡され、賃貸人たる地位が移転した場合において、譲受人が賃貸人たる地位を賃借人に対抗するためには、賃貸借の対抗要件を備えた賃貸不動産が譲渡され、賃貸人たる地位が移転した場合と同様に、当該不動産について所有権の移転の登記をする必要がある旨の規定が置かれています（民法605条の３後段・605条の２第３項）。

③　賃貸人たる地位の移転と敷金返還債務及び費用償還債務

　現行民法では、賃貸借の対抗要件を備えていない賃貸不動産が譲渡され、賃貸人たる地位が移転した場合における敷金返還債務及び費用償還債務について、賃貸借の対抗要件を備えた賃貸不動産が譲渡され、賃貸人たる地位が移転した場合と同様に、譲受人に承継される旨の規定が置かれています（民法605条の３後段・605条の２第４項）。

◀┃ 民　法 ┃▶

（合意による不動産の賃貸人たる地位の移転）

第605条の３　不動産の譲渡人が賃貸人であるときは、その賃貸人たる
　　地位は、賃借人の承諾を要しないで、譲渡人と譲受人との合意により、
　　譲受人に移転させることができる。この場合においては、前条第３項
　　及び第４項の規定を準用する。

（大植幸平・大原義隆・西野正昭）

5　賃料の当然減額の条項例

1　旧民法611条

(1)　旧民法611条1項－賃借物の一部が賃借人の過失によらないで滅失した場合の賃料減額請求

①　「賃料の当然減額」という構成はとられなかったこと

　旧民法611条1項は、賃借物の一部が賃借人の過失によらないで滅失した場合、滅失部分の賃料債務について当然には消滅するとはせず、「（賃借人は、）その滅失した部分の割合に応じて、賃料の減額を請求することができる。」と規定していました。この賃料減額請求権に関しては、形成権であり、行使されると、一部滅失の時に遡って減額の効果が生じるものと解されていました。

②　条文の文言上は「一部滅失」という物理的損壊のみを規定していた

　旧民法611条1項は、条文の文言上は、賃料減額請求できる場面について、一部滅失という物理的損壊によって一部使用収益不能になった場合についてのみ規定していました。

　しかし、賃借物の一部使用収益不能という事態は、「滅失」に該当しない故障（例えば、建物賃貸借における賃貸物件の雨漏、受水槽の溢水等）、安性の欠如（漏電の危険性等）、法令上の制約（区画整理で賃借宅地が減少する等）、強制力のある避難命令で家屋が一時的に使用できなくなることなどが発生した場合等にも生じることになります。そのため、そのような場合にも、賃料減額を認めるべきではないかという問題がありました。

(2)　旧民法611条2項－契約解除権

　旧民法611条2項は、賃借物が賃借人の過失によらずに一部滅失した

場合で、賃貸借契約をした目的が達成不能になれば、賃借人は契約解除ができるとしていました。

この規定を反対に解釈すると、賃借物の一部滅失について賃借人側に過失がある場合には、たとえ契約の目的を達成することができなかったとしても賃借人は解除ができないことになっていました。

‖2　現行民法611条

⑴　民法611条1項について
①　賃料の当然減額という構成がとられていること

民法611条1項では、賃借人の減額請求を要することなく、当然に賃料が減額されると規定しており、賃借人の減額請求によって減額の効果が生じるとしていた旧民法と異なります。

これは、賃料は賃借人が目的物を使用収益することができることの対価であるから、使用収益ができない以上は当然に賃料が減額されるものとするのが合理的であるとの考えに基づくものです（一問一答・322頁）。

②　「一部滅失」という物理的損壊だけでなく、滅失以外の事由による賃借物の一部の使用収益不能になった場合にも拡大していること

民法611条1項は、賃料が減額される場面を「賃借物の一部が滅失その他の事由により使用及び収益をすることができなくなった場合」として、「滅失」に加えて「その他の事由により使用及び収益をすることができなくなった場合」にまで拡大しています。

これは、賃借物の一部滅失の場合に限られず、より広く使用収益をすることができない場合一般に賃料の減額を認めるのが合理的であり、一般に、賃料減額請求できる場面についても、そのように解されていたためです。

③　賃借人の責めに帰することのできない事由に限定していること

民法611条1項は、賃料の当然減額が認められるのは、賃借物の一部滅失等が賃借人の責めに帰することのできない事由によるものである場合に限定しています。

これは、賃借人に帰責事由のある場合にまで賃料の減額を認めること

は賃借人に過度の利益となって不合理であるとの考慮に基づくものです。

　この点に関しては、旧民法611条1項で「賃借人の過失によらないで」と規定しているところと実質的には異なるところはありません。

(2)　民法611条2項について

　民法611条2項では、「前項の場合において」という文言に代えて「賃借物の一部が滅失その他の事由により使用及び収益をすることができなくなった場合において」と規定しており、賃借人の責めに帰すべき事由の有無に関わらず、解除ができるものとしています。

　これは、現代社会においては、契約期間が長期にわたる賃貸借が少なくなく、たとえ目的物の一部滅失自体が賃借人の責めに帰すべき事由によるものであったとしても、契約の目的を達することができないにもかかわらず、賃貸借契約を存続させることは合理的ではないとの考えに基づくものです（一問一答・323頁）。

　賃貸人としては、賃借人の責めに帰すべき事由により、賃借物が滅失等して契約が解除された場合には、賃借人に対する債務不履行に基づく損害賠償請求等によって対処することになると考えられます。

◀ 民　法 ▶

（賃借物の一部滅失等による賃料の減額等）

第611条　賃借物の一部が滅失その他の事由により使用及び収益をすることができなくなった場合において、それが賃借人の責めに帰すことができない事由によるものであるときは、賃料は、その使用及び収益をすることができなくなった部分の割合に応じて、減額される。

2　賃借物の一部が滅失その他の事由により使用及び収益をすることができなくなった場合において、残存する部分において、残存する部分のみでは賃借をした目的を達することができないときは、賃借人は、契約の解除をすることができる。

4　民法611条に関する条項例

　民法611条の下では、賃借物の一部の使用収益をすることができなくなると賃料が当然減額されることから、使用収益をすることができなくなった事情が賃貸人側で把握できないまま賃料がいつのまにか減額されているという問題点が生じてきます。

　例えば、屋根に破損が生じており、建物の一部に使用収益をすることができない状態が生じている場合に、破損部分が修理可能であれば、賃貸人としてはまず補修をしたいところです。

　賃借人は破損個所が分かっていたが賃貸人が破損個所を知らなかったために補修しないでいると、いきなり賃料が減額されるというのでは賃貸人に不意打ちとなりかねません。

　そこで、下記のような条項で対処することが考えられます。

【条項例】

　本物件の一部に賃借人の責めに帰すことができない事由により毀損が生じ使用収益をすることができなくなったとき、賃料はその使用収益することができなくなった部分の割合に応じて、減額される。

　ただし、賃借人が毀損について知りながら速やかに賃貸人に通知しなかった場合にはこの限りではない。

（大植幸平・西野正昭）

⑥　サブリース

1　前提となる議論の状況

　サブリース契約に関しては、個別には様々な契約類型がありますが、本項目では、サブリースにおける転貸借関係について説明します。

　まず、転貸借に関しては、賃借人が適法に賃借物を転貸した場合における転借人と賃貸人との間の直接の義務の発生の有無が実務上の論点となります。

　また、転貸借関係が生じている場合における賃貸人と転借人との法律関係も、重要なの論点となります。実務上は、賃貸人、転貸人及び転借人の間で転貸借関係を構築しているサブリースの終了に関する取扱いについて、賃貸人と転貸人の賃貸借契約が更新拒絶によって終了したとしても、賃貸人は賃貸借契約の終了を転借人からさらに対象物件を転借している再転借人に対抗できないとした判例などを踏まえて考え方を整理していたところです。なお、転貸借と解除との関係については、賃貸借契約の合意解除を転借人に対抗できないとする判例や賃貸借契約の債務不履行解除を転借人に対抗できるとする判例などもあり、これらの判例の考え方も実務上の考え方を検討する際に参考になります。

2　実務対応の方向性

　民法においては、上記1の転貸に関する一定のルールが整備されています。

◀|民　法|▶

（転貸の効果）

　第613条　賃借人が適法に賃借物を転貸したときは、転借人は、賃貸人と賃借人との間の賃貸借に基づく賃借人の債務の範囲を限度として、

賃貸人に対して転貸借に基づく債務を直接履行する義務を負う。この場合においては、賃料の前払をもって賃貸人に対抗することができない。

2　（省　略）

3　賃借人が適法に賃借物を転貸した場合には、賃貸人は、賃借人との間の賃貸借を合意により解除したことをもって転借人に対抗することができない。ただし、その解除の当時、賃貸人が賃借人の債務不履行による解除権を有していたときは、この限りでない。

　まず、賃貸人から転借人に対する直接請求の内容について、賃貸人と賃借人との間の賃貸借に基づく賃借人の債務の範囲を限度とすることが明確化されています（民法613条1項第1文）。かかる内容は、サブリースにおける実務上の取扱いと整合するものと評価できます。

　次に、賃貸借契約の合意解除が転借人に対抗できない一方（民法613条3項本文）、賃貸借契約の債務不履行解除は転借人に対抗できることが規定されています（民法613条3項ただし書）。かかるルールも、上記1で述べた判例等の流れに整合するものであり、サブリースの実務に整合するものと考えられます。実務上は、転貸借関係における賃貸借契約の終了において一定のルールを示すものであり、契約条項や個別対応の際に参考になる条文と位置付けられるものと思われます。

（高松志直）

建物賃貸借契約書〔例〕

　貸主●●●●（以下「甲」という。）及び借主△△△△（以下「乙」という。）は、甲が所有する賃貸借の目的物について、次のとおり建物賃貸借契約を締結する。

（契約の締結）
第1条　甲及び乙は、下記に記載する賃貸借の目的物（以下「本物件」という。）について、以下の条項により賃貸借契約（以下「本契約」という。）を締結した。

記

　所在地　　　　●市●町●丁目●番地の●
　部屋番号　　　●●号室
　専有面積　　　●●. ●●㎡

（契約期間及び更新）
第2条　契約期間は、令和××年××月××日から令和△△年△△月△△日までの●年間とする。
2　甲及び乙は、協議の上、本契約を更新することができる。本契約を更新する場合は、乙は甲に対し、更新後の新賃料の○か月分を更新料として支払う。

（使用目的）
第3条　乙は、居住のみを目的として本物件を使用しなければならない。

（賃　料）
第4条　賃料は1か月○○○○円とし、乙は甲に対し、毎月末日までに、その翌月分を甲の指定する○○銀行○○支店の普通預金口

座（口座番号○○○○○○　口座名義人●●●●）に振り込んで
支払う。ただし、1か月に満たない期間の賃料は、1か月を30
日として日割計算した額とする。

2　前項の規定に関わらず、賃料が経済事情の変動、公租公課の増
額、近隣の家賃との比較等により不相当となったときは、甲は、
契約期間中であっても、賃料の増額の請求をすることができる。

（共益費）

第5条　乙は、階段、廊下等の共益部分の維持管理に必要な光熱費、
上下水道使用料、掃除費等に充てるため、第4条（賃料）の賃
料とともに、共益費1か月○○○○円を甲に支払うものとする。
ただし、1か月に満たない期間の共益費は、1か月を30日と
して日割計算した額とする。

2　甲及び乙は、維持管理の増減により共益費が不相当となったと
きは、協議のうえ、共益費を改定することができる。

（敷　金[1]）

第6条　乙は、本契約から生じる債務の担保として、本契約締結と
同時に、敷金として金●●●●円を甲に預け入れるものとする。

2　乙は、本物件を明け渡すまでの間、敷金をもって賃料、共益費
その他の債務と相殺をすることができない。

---

[1] 敷金については、第Ⅱ章❶②参照。賃貸人の地位の承継が予定され、それに伴う紛争が
予想される場合には、民法の規定と同内容ではあるが、以下の条項を入れることも考えら
れる。

（賃貸人の地位の承継による敷金の承継）
第7条　甲から第三者に対して賃貸人の地位が承継された場合には、当該第三者は、
甲の乙に対する敷金返還義務を承継するものとする。

2　前項の場合において、賃貸人の地位が承継される時点において乙の甲に対する未
払債務が存在するときは、当該第三者は乙が甲に預け入れた敷金から当該未払債務
を充当した残額の範囲で敷金返還義務を承継するものとする。

3　甲は、本物件の明渡しがあったときは、遅滞なく、敷金の全額を無利息で乙に返還しなければならない。ただし、甲は、本物件の明渡し時に、賃料の滞納、第14条に規定する原状回復に要する費用の未払いその他の本契約から生じる乙の債務の不履行が存在する場合には、当該債務の額を敷金から差し引くことができる。

4　前項ただし書の場合には、甲は、敷金から差し引く債務の額の内訳を乙に明示しなければならない。

（反社会的勢力の排除）

第7条　甲及び乙は、それぞれ相手方に対し、次の各号の事項を確約する。

一　自らが、暴力団、暴力団関係企業、総会屋もしくはこれらに準ずる者又はその構成員（以下総称して「反社会的勢力」という。）ではないこと。

二　自らの役員（業務を執行する社員、取締役、執行役又はこれらに準ずる者をいう）が反社会的勢力ではないこと。

三　反社会的勢力に自己の名義を利用させ、この契約を締結するものでないこと。

四　自ら又は第三者を利用して、次の行為をしないこと。

　ア　相手方に対する脅迫的な言動又は暴力を用いる行為

　イ　偽計又は威力を用いて相手方の業務を妨害し、又は信用を毀損する行為

（禁止又は制限される行為）

第8条　乙は、甲の書面による承諾を得ることなく、本物件の全部又は一部につき、賃借権を譲渡し、又は転貸してはならない。

2　乙は、甲の書面による承諾を得ることなく、本物件の増築、改築、移転、改造若しくは模様替又は本物件の敷地内における工作物の設置を行ってはならない。

3　乙は、本物件の使用に当たり、次の各号に掲げる行為を行って

はならない。

一　ペットの飼育

二　爆発物、危険物、重量物等の持ち込み

三　近隣への迷惑行為（騒音、振動、悪臭など）

四　反社会勢力の事務所等としての使用

（契約期間中の修繕）

第9条　甲は、乙が本物件を使用するために必要な修繕を行わなければならない。この場合において、乙の責めに帰すべき事由により必要となった修繕に要する費用は、乙が負担しなければならない。

2　前項の規定に基づき甲が修繕を行う場合は、甲は、あらかじめ、その旨を乙に通知しなければならない。この場合において、乙は、正当な理由がある場合を除き、当該修繕の実施を拒否することができない。

3　乙は、甲の承諾を得ることなく、次の各号に掲げる修繕を自らの負担において行うことができる。

一　畳表の取替え・裏返し

二　障子紙・襖紙の張替え

三　電球・蛍光灯・ヒューズ・給排水栓の取替え

四　その他費用が軽微な修繕

（契約の解除[2]）

第10条　甲は、乙が次に掲げる義務に違反した場合において、甲が相当の期間を定めて当該義務の履行を催告したにもかかわらず、その期間内に当該義務が履行されないときは、本契約を解除することができる。

一　第4条第1項に規定する賃料支払義務

---

[2]　契約の解除については、第Ⅱ章❺①参照。

二　第5条に規定する共益費支払義務

三　前条第1項後段に規定する費用負担義務

2　甲は、乙が次に掲げる義務に違反した場合において、甲が相当の期間を定めて当該義務の履行を催告したにもかかわらず、その期間内に当該義務が履行されずに当該義務違反により本契約を継続することが困難であると認められるに至ったときは、本契約を解除することができる。

一　第3条に規定する本物件の使用目的遵守義務

二　第8条各項に規定する義務（同条第3項に規定する義務のうち第四号に掲げる行為に係るものを除く。）

三　その他本契約書に規定する乙の義務

3　甲又は乙の一方について、次のいずれかに該当した場合には、その相手方は、何らの催告も要せずして、本契約を解除することができる。

一　第7条各号の確約に反する事実が判明した場合

二　契約締結後に自らが反社会的勢力に該当した場合

4　甲は、乙が第8条第3項第四号に掲げる行為を行った場合は、何らの催告も要せずして、本契約を解除することができる。

（乙からの解約）

第11条　乙は、甲に対して少なくとも30日前に解約の申入れを行うことにより、本契約を解約することができる。

2　前項の規定にかかわらず、乙は、解約申入れの日から30日分の賃料（本契約の解約後の賃料相当額を含む。）を甲に支払うことにより、解約申入れの日から起算して30日を経過する日までの間、随時に本契約を解約することができる。

（契約の消滅）

第12条　本契約は、天災、地変、火災その他甲乙双方の責めに帰さない事由により、本物件が全部滅失した場合、又はその他の

事由により本物件の全部の使用及び収益ができなくなった場合に、当然に終了する。

（明渡し）

第13条　乙は、本契約が終了する日までに（第10条の規定に基づき本契約が解除された場合にあっては、直ちに）、本物件を明け渡さなければならない。

2　乙は、前項の明渡しをするときには、明渡し日を事前に甲に通知しなければならない。

（明渡し時の原状回復[3]）

第14条　乙は、通常の使用に伴い生じた本物件の損耗及び経年変化の場合を除き、本物件を原状回復しなければならない。

2　甲及び乙は、前項の規定に基づき乙が行う原状回復の内容および方法について協議するものとする。

（立入り）

第15条　甲は、本物件の防火、本物件の構造の保全その他の本物件の管理上特に必要があるときは、あらかじめ乙の承諾を得て、本物件内に立ち入ることができる。

2　乙は、正当な理由がある場合を除き、前項の規定に基づく甲の立入りを拒否することはできない。

3　本契約終了後において本物件を賃借しようとする者又は本物件を譲り受けようとする者が下見をするときは、甲及び下見をする者は、あらかじめ乙の承諾を得て、本物件内に立ち入ることができる。

4　甲は、火災による延焼を防止する必要がある場合その他の緊急の必要がある場合においては、あらかじめ乙の承諾を得ることな

3　原状回復義務の特約条項については、第Ⅱ章❼②参照。

く、本物件内に立ち入ることができる。この場合において、甲は、
　乙の不在時に立ち入ったときは、立入り後その旨を乙に通知しな
　ければならない。

（連帯保証人）
第16条　連帯保証人（以下「丙」という。）は、乙と連帯して、
　極度額〇〇円の範囲[4]で、本契約から生ずる一切の債務（賃料、
　遅延損害金、原状回復費用、賃借人としての義務違反等に基づ
　く遅延損害金等を含む一切の債務）を負担する。

（連帯保証人について生じた事由の効力[5]）
第17条　甲が丙に対して履行の請求をした場合には、乙に対して
　もその効力が生じるものとする。

（協　議）
第18条　甲及び乙は、本契約書に定めがない事項及び本契約書の
　条項の解釈について疑義が生じた場合は、民法その他の法令及
　び慣行に従い、誠意をもって協議し、解決するものとする。

（特約条項）
第19条　第18条までの規定以外に、本契約の特約については、
　下記のとおりとする。

（廣畑牧人・稲村晃伸）

---

[4]　現行民法では、個人を保証人として契約締結する場合は、極度額を定めなければ保証契約が無効となりますので注意が必要です（第Ⅱ章❷①参照）。

[5]　民法458条が準用する441条は、旧法と比較して相対的効力事由を拡大しています。履行の請求は旧法と異なり相対的効力事由とされているため、これを避けるためには特約（441条ただし書）を置く必要があります。なお、連帯保証人を複数置く場合や請求以外の事由を想定する条項例については【多数当事者の債権関係の相対効】を参照してください（第Ⅱ章❹②参照）。

●編著者一覧●

『3訂版　不動産売買・賃貸借契約とモデル書式』

■編集・執筆

稲村　晃伸	（いなむら　てるのぶ）	北多摩いちょう法律事務所
上村　　剛	（うえむら　ごう）	東京丸の内法律事務所
寺﨑　裕史	（てらさき　ひろふみ）	関東法律事務所
長谷川　伸城	（はせがわ　のぶしろ）	新麹町法律事務所
吉直　達法	（よしなお　たつのり）	吉直法律事務所

■執　　　　筆

朝比奈　和茂	（あさひな　かずしげ）	朝比奈総合法律事務所
五十嵐　麻由	（いがらし　まゆ）	弁護士法人高橋裕次郎法律事務所
池田　大介	（いけだ　だいすけ）	池田・高井法律事務所
伊藤　美香	（いとう　みか）	伊藤・髙橋法律事務所
井上　壮太郎	（いのうえ　そうたろう）	西新橋法律事務所
角田　智美	（かくた　ともみ）	あかねくさ法律事務所
蔭山　枝里奈	（かげやま　えりな）	弁護士法人リオ・パートナーズ
久保　俊之	（くぼ　としゆき）	久保法律事務所
栗山　明久	（くりやま　あきひさ）	名川・岡村法律事務所
小路　敏宗	（しょうじ　としむね）	中央総合法律事務所
徐　　　靖	（じょ　やすし）	松田綜合法律事務所
高橋　辰三	（たかはし　たつぞう）	アジアンタム法律事務所
高松　志直	（たかまつ　ゆきなお）	片岡総合法律事務所
田島　直明	（たしま　なおあき）	ホライズンパートナーズ法律事務所
田中　貴一	（たなか　よしかず）	片岡総合法律事務所
寺澤　春香	（てらさわ　はるか）	金野志保はばたき法律事務所
富澤　章司	（とみざわ　しょうじ）	セントラル法律事務所
西野　正昭	（にしの　まさあき）	新麹町法律事務所
野村　拓人	（のむら　たくと）	弁護士法人青木耕一法律事務所
濱島　幸子	（はましま　さちこ）	村田・加藤・小森法律事務所

稗田　さやか（ひえだ　さやか）　　表参道総合法律事務所
藤間　崇史（ふじま　たかし）　　　大江・田中・大宅法律事務所
本多　基記（ほんだ　もとのり）　　本多・森田・吉田法律会計事務所
増子　和毅（ますこ　かずき）　　　シグマ麹町法律事務所
桝本　英晃（ますもと　ひであき）　東京法律税務登記事務所
吉田　大志（よしだ　たいし）　　　本多・森田・吉田法律会計事務所

『改訂版　改正民法　不動産売買・賃貸借契約とモデル書式』（令和２年２月）

■編集・執筆
稲村　晃伸（いなむら　てるのぶ）　　岩田　修一（いわた　しゅういち）
上村　　剛（うえむら　ごう）　　　　横山　宗祐（よこやま　しゅうすけ）
吉直　達法（よしなお　たつのり）

■執　　　筆
朝比奈　和茂（あさひな　かずしげ）　　五十嵐　麻由（いがらし　まゆ）
池田　大介（いけだ　だいすけ）　　　　大原　義隆（おおはら　よしたか）
角田　智美（かくた　ともみ）　　　　　蔭山　枝里奈（かげやま　えりな）
加藤　　拓（かとう　たく）　　　　　　後藤　　大（ごとう　だい）
小峯　健介（こみね　けんすけ）　　　　小路　敏宗（しょうじ　としむね）
徐　　靖（じょ　やすし）　　　　　　　高橋　辰三（たかはし　たつぞう）
高松　志直（たかまつ　ゆきなお）　　　田島　直明（たしま　なおあき）
田中　貴一（たなか　よしかず）　　　　寺澤　春香（てらさわ　はるか）
富澤　章司（とみざわ　しょうじ）　　　西野　正昭（にしの　まさあき）
野村　拓人（のむら　たくと）　　　　　長谷川　伸城（はせがわ　のぶしろ）
濱島　幸子（はましま　さちこ）　　　　濱田　祥雄（はまだ　さちお）
稗田　さやか（ひえだ　さやか）　　　　藤間　崇史（ふじま　たかし）
本多　基記（ほんだ　もとのり）　　　　森　　詩絵里（もり　しえり）
吉田　大志（よしだ　たいし）

『改正民法　不動産売買・賃貸借契約とモデル書式』（平成30年2月）

■編集・執筆

稲村　晃伸（いなむら　てるのぶ）　　　岩田　修一（いわた　しゅういち）

小松　達成（こまつ　たつなり）　　　　小峯　健介（こみね　けんすけ）

廣畑　牧人（ひろはた　まきと）

■執　　　筆

青木　耕一（あおき　こういち）　　　　伊藤　　献（いとう　すすむ）

岩田　真由美（いわた　まゆみ）　　　　上村　　剛（うえむら　ごう）

遠藤　啓之（えんどう　ひろゆき）　　　大植　幸平（おおうえ　こうへい）

大橋　美香（おおはし　よしか）　　　　角田　智美（かくた　ともみ）

後藤　　大（ごとう　だい）　　　　　　高松　志直（たかまつ　ゆきなお）

田中　貴一（たなか　よしかず）　　　　田村　哲雄（たむら　てつお）

野村　拓人（のむら　たくと）　　　　　濱島　幸子（はましま　さちこ）

稗田　さやか（ひえだ　さやか）　　　　横山　宗祐（よこやま　しゅうすけ）

吉直　達法（よしなお　たつのり）

259

平成30年2月10日　初版発行
令和2年2月10日　改訂初版
令和5年2月10日　3訂初版

【3訂版】
不動産売買・賃貸借契約とモデル書式

検印省略

 日本法令®

〒101-0032
東京都千代田区岩本町1丁目2番19号
https://www.horei.co.jp/

編著者　東京弁護士会　法友全期会
発行者　青　木　健　次
編集者　岩　倉　春　光
印刷所　倉　敷　印　刷
製本所　国　　宝　　社

（営　業）　TEL　03-6858-6967　　Eメール　syuppan@horei.co.jp
（通　販）　TEL　03-6858-6966　　Eメール　book.order@horei.co.jp
（編　集）　FAX　03-6858-6957　　Eメール　tankoubon@horei.co.jp

（オンラインショップ）　https://www.horei.co.jp/iec/
（お 詫 び と 訂 正）　https://www.horei.co.jp/book/owabi.shtml
（書籍の追加情報）　https://www.horei.co.jp/book/osirasebook.shtml

※万一、本書の内容に誤記等が判明した場合には、上記「お詫びと訂正」に最新情報を掲載
　しております。ホームページに掲載されていない内容につきましては、FAXまたはE
　メールで編集までお問合せください。